mes grandes découvertes
GALLIMARD JEUNESSE

Roches et minéraux

Édition originale publiée en Grande-Bretagne en 2013 par Dorling Kindersley Limited, sous le titre : Eyewonder : *Rocks and Minerals*

Responsable éditorial Thomas Dartige
Suivi éditorial Eric Pierrat, Anne-Flore Durand
Réalisation de l'édition française
ML Éditions, Paris
Agence Juliette Blanchot, pour les pages d'activités
Traduction Sylvie Deraime, Cléa Blanchard
Couverture Christine Régnier
Photogravure de couverture SCAN+

ISBN : 978-2-07-065167-2

Loi n° 49-956 du 16 juillet 1949
sur les publications destinées à la jeunesse.
Premier dépôt légal : septembre 2013
Dépôt légal : février 2021
Numéro d'édition : 376854

Imprimé en Chine
Ne peut être vendu au Canada

Gallimard Jeunesse
5, rue Gaston Gallimard
75328 Paris Cedex 07
France

MIXTE
Papier issu de sources responsables
FSC® C020056

Sommaire

voiture

téléphone

bijoux

Planète rocheuse

La Terre est formée
de roches et de minéraux
que l'on extrait pour fabriquer
la plupart des objets
qui nous entourent.
Même notre corps contient
des minéraux essentiels
à son fonctionnement.

vêtements

dentifrice

ordinateur

maison

nous !

cristaux de quartz cristaux de fedspath cristaux de mica granite

Fabriquons une roche

Les roches sont constituées de cristaux de minéraux. Elles diffèrent en fonction des minéraux qu'elles contiennent. Certaines sont faites d'un seul minéral.

La croûte et le manteau sont formés de nombreuses roches différentes compressées.

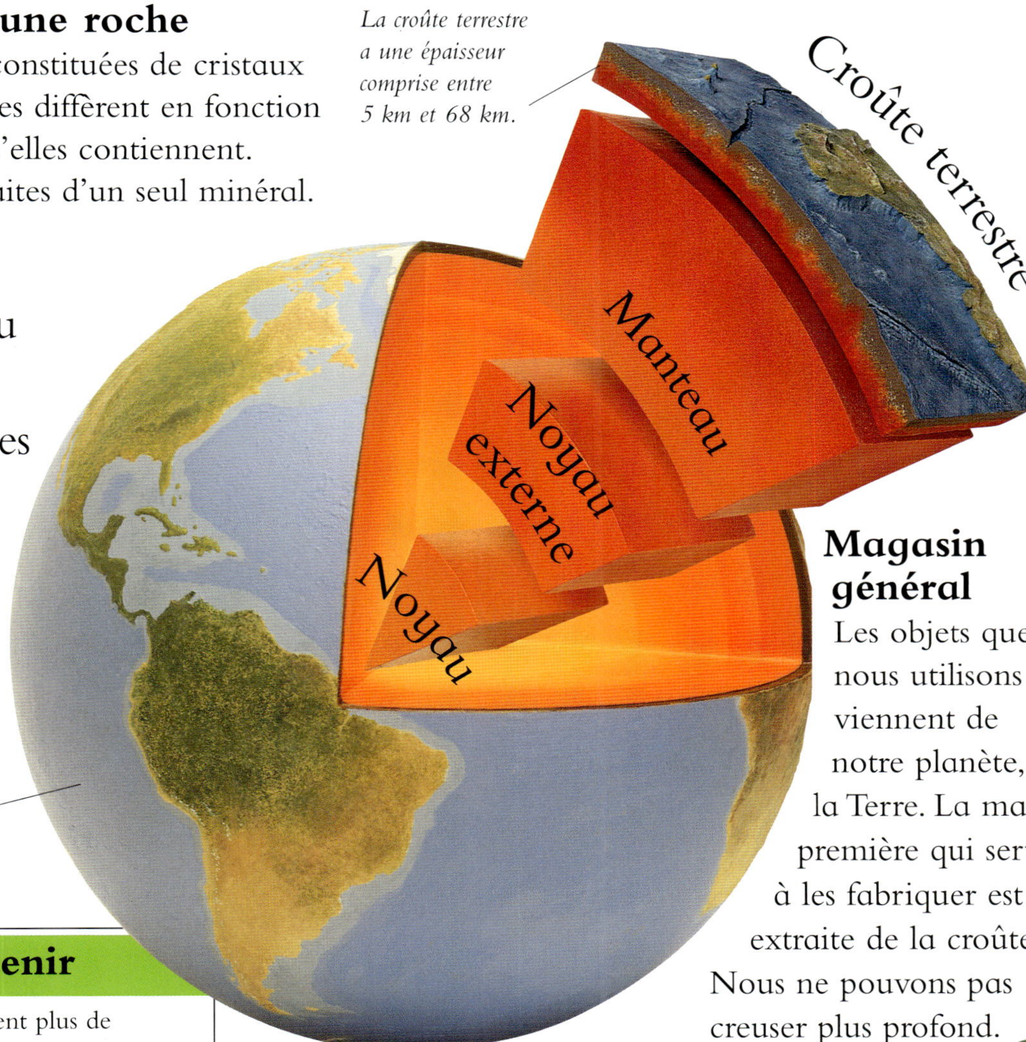

Magasin général

Les objets que nous utilisons viennent de notre planète, la Terre. La matière première qui sert à les fabriquer est extraite de la croûte. Nous ne pouvons pas creuser plus profond.

À retenir

- Notre corps contient plus de 60 minéraux, dont 9 sont vitaux.
- Certains minéraux mettent des milliers d'années à se former ; d'autres quelques minutes.

Fabriquons du shampoing

Voici quelques minéraux qui entrent dans la composition du shampoing.

Goudron de houille argile de lithium sélénium shampoing

Des débuts volcaniques

Si l'on presse de l'argile entre les mains, on sent qu'elle déborde entre les doigts. C'est un peu ce qui se passe à l'intérieur d'un volcan. La pression augmente jusqu'à l'éruption. Brroaa ! C'est la première étape dans la formation de nouvelles roches.

Place à la roche nouvelle !

Dans le manteau terrestre, il fait si chaud que la roche fond. Parfois, cette roche fondue, appelée magma, s'accumule dans des réservoirs et jaillit aux points faibles de la croûte.

Avalanche rocheuse

Les éruptions sont si puissantes que parfois elles détruisent en partie le volcan. D'énormes roches sont alors projetées en l'air.

Les débris volcaniques varient: poussière, cendre, roches de la taille d'une maison.

Une falaise

Une éruption volcanique peut déposer d'épaisses couches de cendres, de poussière et de roche, qui modifient le paysage.

Ship Rock, aux États-Unis, est né d'un bouchon de magma bloqué dans le conduit d'un volcan.

Ship Rock (le « rocher bateau ») doit son nom à sa forme de vaisseau.

Ship Rock

Voici les vestiges d'un ancien volcan : il n'en reste que le cœur solidifié.

La vie d'une roche

Toutes les roches se ressemblent-elles ? En réalité, il y en a de nombreuses sortes que l'on peut grouper en trois types. Alors que vous lisez ce livre, des roches se forment (et sont détruites).

Les débuts

Les toutes premières roches terrestres étaient des roches magmatiques : de la roche fondue ayant durci.

En refroidissant, la roche fondue donne une roche magmatique.

Morceau par morceau

Les roches sédimentaires se forment par empilement de morceaux de roches au fond de l'eau. Des milliers d'années plus tard, ces sédiments se sont cimentés.

Les sédiments se déposent au fond des océans, des fleuves et des lacs.

sédimentaires

des couches.

sont compressés.

De plus en plus chaud

Les roches métamorphiques résultent de la transformation des roches écrasées et chauffées dans les profondeurs de la croûte terrestre.

La pression et la chaleur accompagnant le soulèvement du granite entraînent la formation d'orthogneiss.

Granite

Dans les profondeurs de la Terre, les roches sont pressées et chauffées.

Orthogneiss

Recyclage

Au fil du temps (sur des milliers d'années), chaque type de roche peut se transformer en l'un des deux autres types : cela dépend de ce qui lui arrive.

Les roches magmatiques

Les roches magmatiques forment la majeure partie de la croûte terrestre. Mais on peut aussi les voir sur la Chaussée des Géants.

La chevelure de Pelé est formée de gouttes de lave étirées par le vent.

La pierre ponce est la seule roche qui flotte.

La pierre ponce provient du cœur des volcans.

L'obsidienne a une surface brillante. C'est du verre volcanique.

Des cheveux au verre

Les volcans produisent toute une gamme de roches magmatiques. En voici trois exemples ci-dessus.

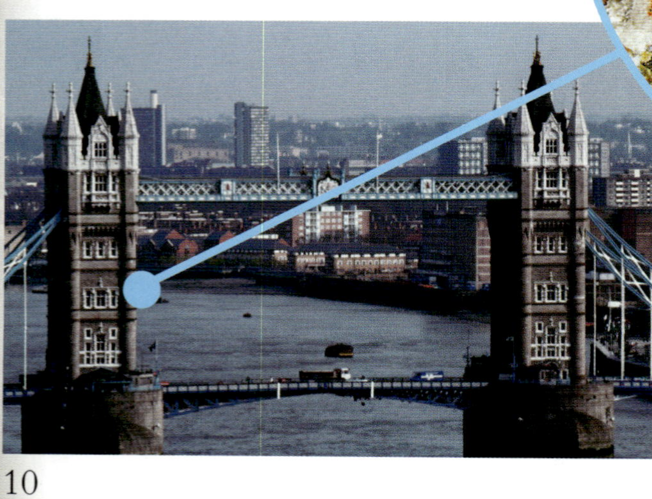

Tower Bridge à Londres est en granite.

Des constructions durables

Le granite est la roche magmatique la plus commune. Très résistant, il est utilisé dans la construction depuis des milliers d'années.

La Chaussée des Géants

Les 40 000 colonnes de la Chaussée des Géants, le long de la côte d'Antrim, en Irlande du Nord, sont formées de lave basaltique solidifiée. En refroidissant, la lave a rétréci, ce qui a créé ces colonnes hexagonales.

La légende dit que ces roches servaient d'escalier aux géants.

À retenir

- Plus la roche fondue refroidit lentement, plus les cristaux composant la roche magmatique seront gros.
- Le granite refroidit lentement et contient de gros cristaux. L'obsidienne, qui refroidit vite, contient de petits cristaux.

Les roches sédimentaires

Par endroits, ces falaises atteignent 90 m de haut.

La craie de ces hautes falaises blanches est une roche sédimentaire. Elle s'est formée à partir des coquilles et des squelettes de petits animaux marins. Imaginez combien il en a fallu pour édifier une seule falaise !

L'un après l'autre

Les animaux marins à l'origine de la craie sont minuscules. Selon les scientifiques, ces falaises auraient grandi de 0,5 mm par an : cela représente environ 180 animaux empilés l'un au-dessus de l'autre. Il faut donc des millions d'années pour fabriquer de la craie.

Les mouvements de la croûte ont soulevé les falaises au-dessus de la mer.

Des plantes aux roches

Les roches sédimentaires peuvent se former par décomposition des végétaux morts. Une fois enfouis, ceux-ci sont compressés, jusqu'à former du charbon.

1re année

De la matière végétale…

à la tourbe…

Super, du sable !
Tous les enfants aiment jouer dans le sable. Ce sable est un sédiment. Dans des milliers d'années, il sera peut-être devenu du grès, une roche sédimentaire.

L'érosion continue des roches produit du sable, après des millions d'années.

Outre des coquilles, la craie peut contenir des fossiles marins plus gros.

Du nougat de cailloux
Cette roche sédimentaire est formée de cailloux cimentés, comme des fruits pris dans une pâte.

après 90 millions d'années

au lignite…

au charbon bitumeux…

et après 360 millions d'années

… au charbon

Les roches métamorphiques

Le mot métamorphique vient du grec *meta* («après») et *morphê* («forme»). Ce type de roche apparaît quand une roche est chauffée et compressée.

Nées des montagnes
Les roches métamorphiques peuvent se former lorsque des montagnes se soulèvent. Elles entourent ici une ancienne carrière d'ardoise.

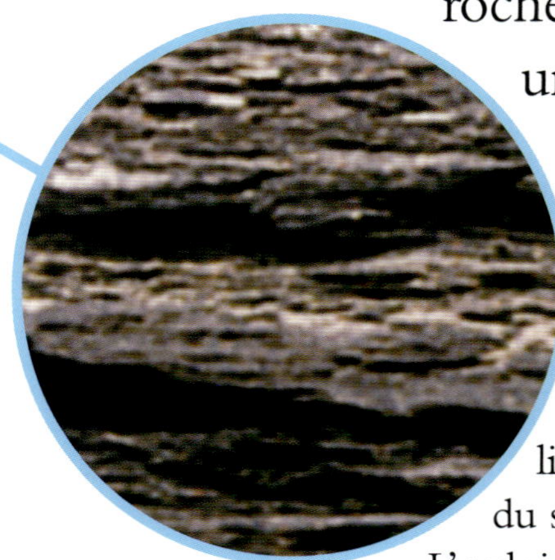

Montagne d'argile
L'ardoise est une roche métamorphique formée à partir de boue et d'argile litée. L'argile fut écrasée lors du soulèvement des montagnes. L'ardoise se débite en feuilles.

Chaque bloc pèse des milliers de tonnes.

On sculpte des statues dans le marbre.

Marbre magique
Le marbre est une superbe roche métamorphique. Dans les carrières, on extrait de gros blocs découpés avec des câbles acérés.

Plis ondulants

Les roches chauffées peuvent fondre en partie et s'écouler dans une roche « hôte ». Cela produit une roche métamorphique à motifs ondulants, appelée « migmatite ».

Un palais éblouissant

Le marbre poli brille au soleil et donne des bâtiments spectaculaires. Le Tadj Mahall, en Inde, est l'un des monuments en marbre les plus célèbres du monde.

Dans la roche hôte noire, une roche plus claire a dessiné des plis.

Le marbre se forme à partir de calcaire.

Le matériel de coupe est refroidi à l'eau.

Les roches de l'espace

Environ 23 tonnes de poussière tombent chaque jour sur la Terre. Cette poussière fine vient de l'espace. Parfois, c'est un rocher spatial qui heurte la Terre : on l'appelle une météorite.

Chute de météorites

Les météorites sont des morceaux de roche ou de métal qui heurtent la Terre. Certaines sont des fragments d'astéroïdes, gros corps rocheux qui tournent autour du Soleil, entre Mars et Jupiter. La plupart sont des morceaux de comètes.

Nous avons la preuve qu'une énorme météorite est tombée sur la Terre il y a 65 millions d'années, entraînant la disparition des dinosaures.

Les météorites touchent la Terre.
Les météores brûlent dans l'atmosphère.
Les comètes survolent la Terre.

Qu'y a-t-il dedans ?

Les météorites issues d'astéroïdes contiennent des métaux ainsi que des roches. Celles issues de comètes contiennent surtout des roches.

Les trous criblant la surface sont engendrés par l'intense chaleur qui se dégage lorsque le météore « frotte » contre l'atmosphère.

La plupart des météores ont la taille d'un petit caillou.

Une fois dans une vie

Une célèbre comète, la comète de Halley, figure dans la tapisserie de Bayeux, brodée il y a plus de 900 ans. Cette comète survole la Terre tous les 76 ans environ. Elle est passée près de nous en 1986.

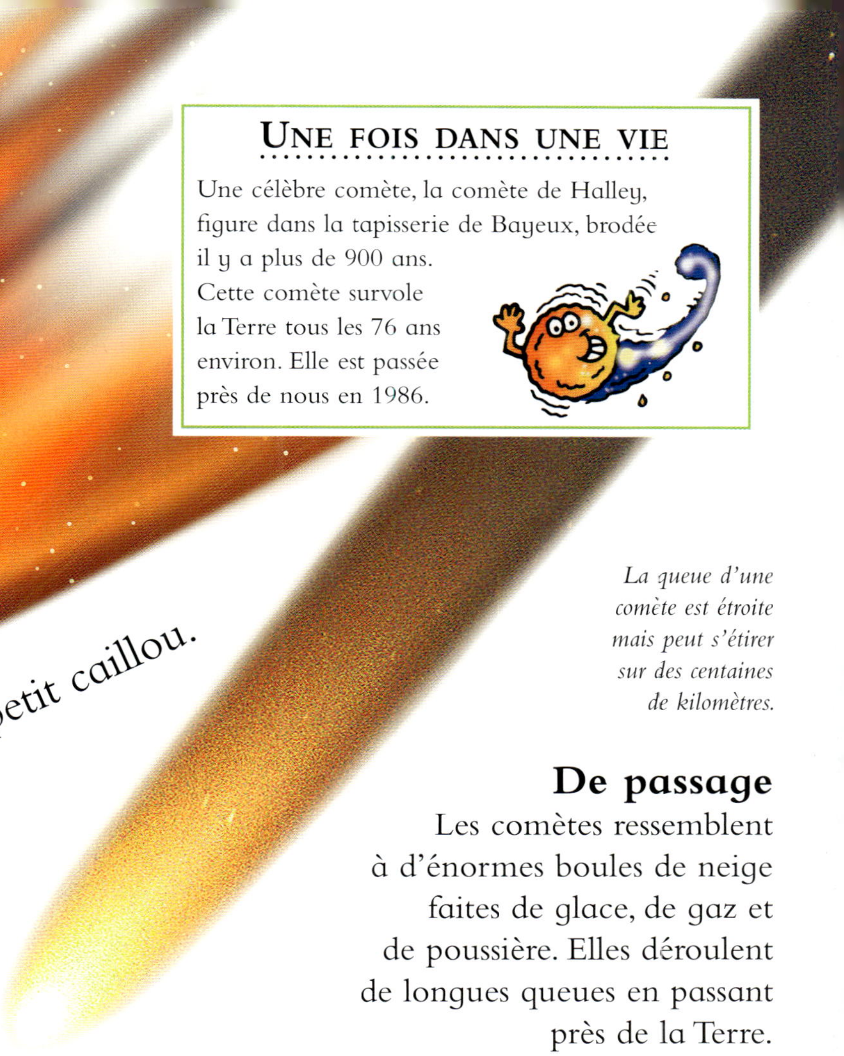

La queue d'une comète est étroite mais peut s'étirer sur des centaines de kilomètres.

Le secret des étoiles filantes

Les étoiles filantes sont en fait des météores qui brûlent en pénétrant dans l'atmosphère terrestre, généralement à plus de 80 km au-dessus de nos têtes.

De passage

Les comètes ressemblent à d'énormes boules de neige faites de glace, de gaz et de poussière. Elles déroulent de longues queues en passant près de la Terre.

C'est quoi, ce trou ?

Lorsqu'une grosse météorite heurte la Terre, le choc peut engendrer un cratère. Il faudrait environ 30 minutes pour faire le tour de ce cratère de météorite en Australie.

Ce cratère est si ancien que des arbres poussent au fond.

Une grosse météorite peut tomber à plus de 40 000 km/h.

Beauté cachée

Brrrr ! Les grottes sont humides, froides et obscures. Pourtant, si l'on a la chance de visiter une grande grotte aménagée pour le public et éclairée, on découvre de superbes sculptures rocheuses.

Cette aiguille est plus longue qu'un terrain de football.

Cette grotte s'est élargie en une vaste caverne.

Dégâts des eaux

Si l'eau s'écoule constamment, en quelques milliers d'années elle grignote un bon morceau de roche. Après 100 000 ans, une grotte est formée, qui continue ensuite à s'élargir.

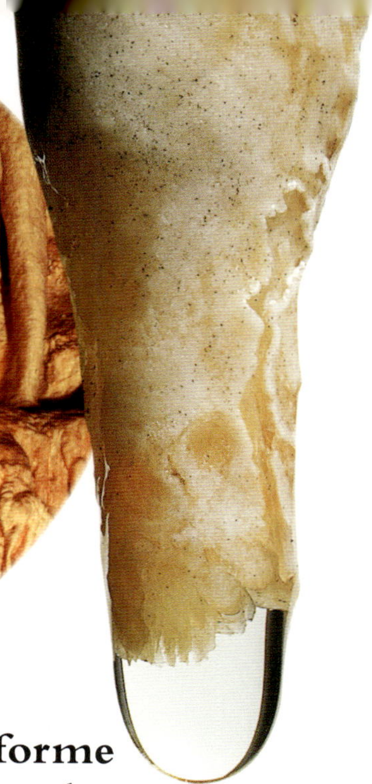

Goutte à goutte

Ces formes délicates se sont constituées et superposées à mesure que les gouttes d'eau laissaient sur leur passage des traces d'un minéral appelé « calcite ».

Drôle de forme

Les stalactites tombent, les stalagmites montent. Ces aiguilles de calcite poussent de moins de 1 cm en 1 000 ans.

Jadis, les hommes extrayaient des meules de ces grottes.

Les sculptures des grottes se forment goutte après goutte.

Un cœur tendre

As-tu déjà mangé un bonbon dur au cœur tendre ? Les grottes volcaniques sont pareilles : de la lave molle s'est infiltrée dans une couche dure.

La plus haute stalagmite du monde est aussi haute qu'un immeuble de sept étages.

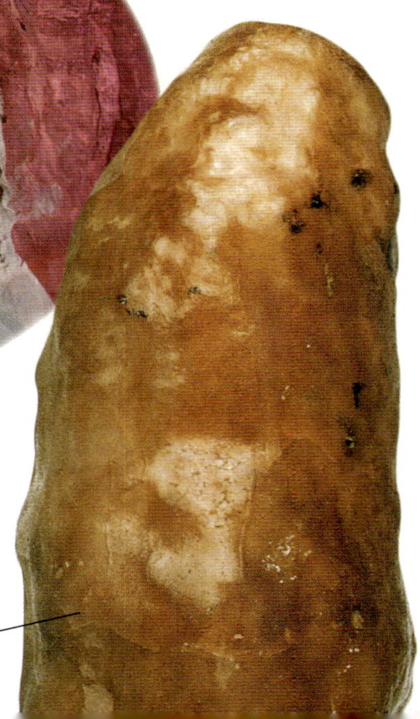

L'érosion

Les roches ne sont pas éternelles. Exposées au vent, à l'eau – de la pluie à l'écume des vagues –, à l'action des glaciers ou aux variations de température, elles changent peu à peu.

Agression marine

Il y a bien longtemps, les rochers des Twelve Apostles (Douze Apôtres) faisaient partie de la côte australienne. Ils en ont été séparés par le battement incessant des vagues.

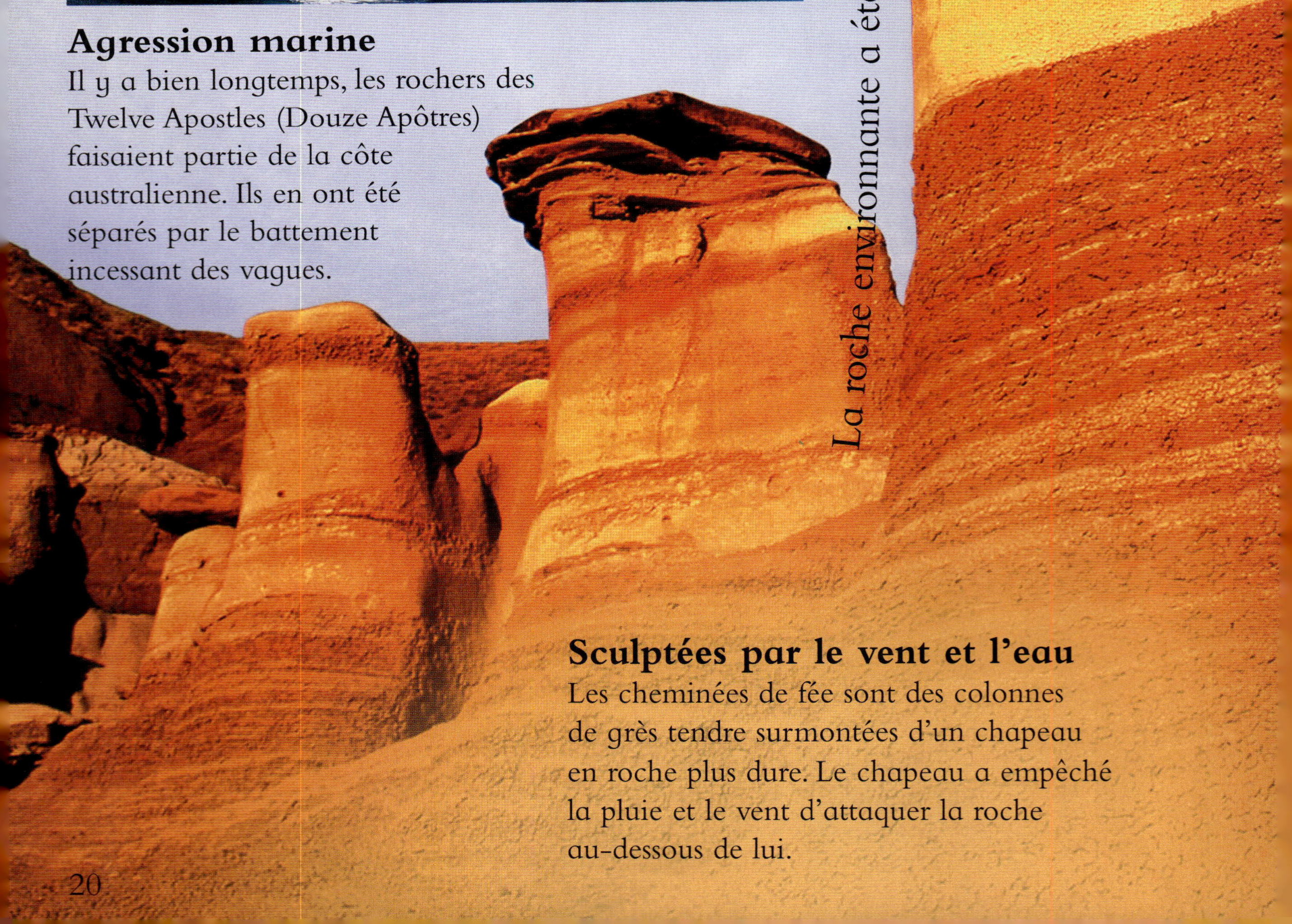

On distingue bien sur ces cheminées de fée les différentes couches de roches sédimentaires.

Sculptées par le vent et l'eau

Les cheminées de fée sont des colonnes de grès tendre surmontées d'un chapeau en roche plus dure. Le chapeau a empêché la pluie et le vent d'attaquer la roche au-dessous de lui.

Victime des pluies acides

Les gaz polluants rejetés par les véhicules se mêlent à la pluie qu'ils rendent acide. Cette pluie acide attaque la roche. Cette statue en est la victime.

Creusé par un fleuve

Au fil de millions d'années, le fleuve Colorado a creusé son lit dans la roche, créant le Grand Canyon, aux États-Unis. Il est profond de 1 829 m.

Les cheminées de fée, toujours groupées, forment des paysages spectaculaires.

Dès que la cheminée perd son chapeau protecteur, elle est victime de l'érosion.

L'érosion crée des sédiments.

À retenir

- Quand les éléments usent la roche et l'emportent, on parle d'érosion. Si la roche reste sur place, on parle de météorisation.
- Les végétaux contribuent à l'érosion quand ils plantent leurs racines dans les fissures rocheuses.

Un glacier est capable d'émietter la roche.

Creuser sa voie

Un glacier est une énorme masse de glace qui se déplace lentement. Né de l'accumulation de la neige au sommet d'une montagne, il avance peu à peu en emportant des roches.

Progression lente
En général, les glaciers n'avancent que de quelques centimètres par jour. Ils s'arrêtent au bas de la montagne, où la glace fond, ou sur la côte, où de gros blocs se détachent.

Chemin balisé

En avançant, le glacier ramasse toutes sortes de roches et de sédiments, qui produisent des traînées sombres à sa surface.

En avançant, le glacier creuse une vallée profonde.

La farine de roche

Les roches que le glacier transporte rayent le fond et les flancs de la vallée glaciaire et arrachent des petits grains de roche, appelés « farine de roche ».

Le glacier emporte la farine de roche. Une partie se dépose dans les lacs glaciaires.

Une grosse pincée de couleur !

Les lacs de montagne sont souvent d'un bleu turquoise étonnant. Cette couleur est due à la farine de roche qu'y a déposée un glacier en fondant.

Les grains de roche dans l'eau réfléchissent la lumière d'une façon particulière.

Les cristaux

Les flocons de neige sont composés de petits cristaux de glace collés entre eux. La roche contient des cristaux semblables, qui peuvent être taillés et polis.

Des couleurs superbes

Beaucoup de cristaux sont richement colorés. Cette améthyste violette est une forme du quartz. Elle peut être plus ou moins claire.

Les cristaux continuent de grandir tant que les conditions de formation ne changent pas.

Petit ou grand

Les minuscules cristaux qui constituent le sable des déserts sont des cristaux de quartz. Le quartz peut aussi former des cristaux énormes. Le plus grand cristal de roche connu est long de 6 m !

Une sucette de quartz ?

Le mot cristal vient du grec kyros : « froid comme la glace ». Les Grecs de l'Antiquité croyaient que les cristaux de quartz étaient faits de glace si froide qu'elle ne pouvait fondre.

L'améthyste est appréciée pour sa couleur.

Serait-ce du tissu ?

Tous les cristaux ne sont pas durs. Voici un cristal de trémolite. Il se présente en mèches fibreuses semblables aux fils d'un tissu. Mais coudre de la trémolite pourrait nous rendre malades.

Les mèches de trémolite paraissent soyeuses et transparentes, car la lumière passe à travers les fibres.

Un peu trop salé

Le sel est aussi une roche cristalline. En Bolivie, on a construit un hôtel en briques de sel. Même les meubles sont en sel !

En s'évaporant, l'eau salée laisse des cristaux de sel.

Des pierres qui guérissent ?

Certaines personnes croient que les cristaux pourraient avoir des pouvoirs spéciaux. Le jade aiderait à la relaxation, le lapis-lazuli favoriserait l'amitié.

Lapis lazuli

Jade poli

Quel éclat !

Des diamants aux rubis, certaines roches sont précieuses : on les appelle des gemmes. Elles sont extraites à grand coût de la Terre, taillées, polies et montées en bijoux.

Plus qu'une roche

La plupart des gemmes sont issues des roches. Voici une jolie pierre incrustée de rubis.

Une gemme est une pierre richement colorée.

Le rubis peut être taillé et poli en rond ou à degrés.

Éblouissant

Une pierre taillée réfléchit mieux la lumière. Un diamant taillé peut avoir jusqu'à 58 facettes. Le diamant est le minéral le plus dur qui soit.

Pierres du bonheur

Certains croient que porter la pierre associée à son mois de naissance porte chance.

Janvier

Grenat

Février

Améthyste

Mars

Aigue-marine

Avril

Diamant

Mai

Émeraude

Le mot «diamant» vient du grec *adamas*, qui signifie «invincible».

Il faut faire sauter plus de 250 tonnes de roche pour récupérer 0,2 g de diamant.

Les perles fines se forment surtout dans les huîtres.

Toutes des pierres?

Les perles fines, l'ambre, le jais et le corail ne proviennent pas de roches. Plus tendres, ces matières précieuses sont généralement polies plutôt que taillées.

L'ambre est la résine fossilisée de conifères. Elle contient parfois des insectes englués.

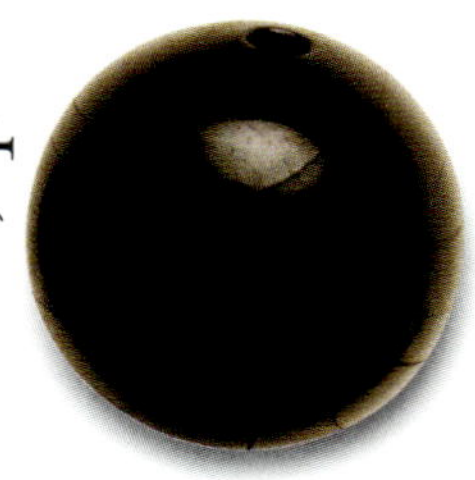

Le jais est du bois fossilisé.

Le corail est fait des squelettes de petits animaux marins. On le trouve dans les mers chaudes.

Juin

Perle

Juillet

Rubis

Août

Péridote

Septembre

Saphir

Octobre

Opale

Novembre

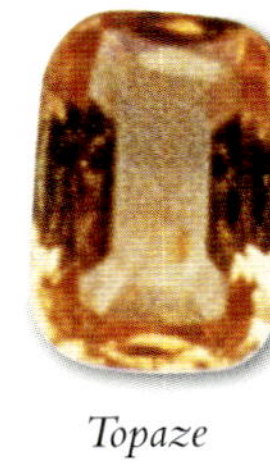

Topaze

Décembre

Turquoise

Métaux précieux

Des profondeurs de notre planète rocheuse, on extrait depuis très longtemps des métaux précieux tels que l'or, l'argent et le platine, dont on fait des objets somptueux.

L'or se trouve parfois dans des veines de quartz.

L'or

À Bangkok, en Thaïlande, se trouve le Bouddha d'or, une statue sacrée en or massif. Elle pèse 5,5 tonnes, autant qu'un petit camion.

L'argent se présente parfois sous forme de filaments.

L'argent

Il y a 700 ans, l'argent avait plus de valeur que l'or. On tirait de ce métal tendre des pièces de monnaie, des bijoux et des statues, comme cette statue hindoue.

Le platine

Le platine est le métal le plus cher. Cela méritait bien d'en faire une couronne, l'un des joyaux de la Couronne britannique !

Cette pépite rare de platine pèse autant que dix pommes.

Extrayez ce métal !

Certains métaux se dissimulent sous forme de minéraux dans les roches. La roche qui les contient est appelée minerai. Elle peut se trouver près de la surface ou dans le sous-sol.

Tuyau de cuivre
Une partie du cuivre extrait de cette mine est utilisée pour fabriquer des tuyaux.

Boum !
Une mine à ciel ouvert est un endroit très bruyant. Les mineurs font sans cesse exploser la roche pour en extraire le métal.

Creusons un trou
La plupart des métaux sont extraits de mines à ciel ouvert. On fait exploser la surface pour enlever, camion après camion, des tonnes de roche.

On mélange…

Les métaux sont souvent fondus et mélangés pour obtenir un autre métal plus résistant : un alliage.

Minerai de cuivre *Minerai d'étain*

… on obtient

Le mélange de cuivre et d'étain donne du bronze, utilisé par exemple pour faire des moulages.

Des routes sillonnent la mine à ciel ouvert.

Pour faire un moulage en bronze, on verse du métal fondu dans un moule. Puis le métal durcit.

Un cadeau du ciel

Tous les métaux ne viennent pas de la Terre. Il y a 6 000 ans, les hommes parlaient du fer comme « du métal venu du ciel », sans doute parce qu'ils travaillèrent d'abord le fer des météorites.

L'art et la roche

Lorsque l'on dessine à la craie, on utilise de la roche. Depuis des milliers d'années, les artistes se servent des couleurs contenues dans certaines roches et minéraux.

Pas besoin de papier
Les parois des grottes servirent de support aux premiers artistes. Ils utilisaient un mélange de matériaux pour produire quatre ou cinq couleurs.

Les premières grottes ornées datent de 32 000 ans !

Le noir était obtenu grâce à du charbon de bois : des restes de bois brûlé.

Les Romains passaient de la craie sur leur visage pour l'éclaircir.

Source de lumière

La craie, roche sédimentaire, est salissante mais reproduit magnifiquement l'effet de lumière sur un objet ou un visage.

À retenir

- Les premiers artistes utilisaient beaucoup l'ocre, une sorte d'argile, pour obtenir du rouge ou du brun.
- Pendant longtemps, les peintres broyèrent des roches colorées qu'ils mélangeaient avec de la graisse animale, pour obtenir leurs couleurs.

L'auteur de cette peinture vieille de 600 ans a utilisé de l'or.

Le cinabre fut d'abord utilisé dans la Chine ancienne.

Rouges intenses

La poudre de cinabre, un minéral, donne un rouge éclatant qui fut beaucoup utilisé dans l'art religieux du Moyen Âge.

On extrait du cinabre le mercure, un métal toxique.

La pierre dans l'histoire

Il y a des millions d'années, quelqu'un quelque part ramassa une pierre et l'utilisa comme outil. Les humains allaient découvrir de plus en plus de façons d'utiliser la pierre.

À retenir

- Les hommes préhistoriques tirèrent des roches des armes, des outils, plus tard des récipients et des statues.
- Les premières haches en pierre, sans manche, datent de plus de 70 000 ans.

Au bord de la route

Autrefois, il n'y avait pas d'engins de transport. Les gens utilisaient les matériaux disponibles à proximité. Ces toits sont couverts d'ardoise, extraite d'une carrière voisine.

Une hache utile

Les hommes apprirent à monter leurs outils en pierre sur des manches. La pierre de cette hache est maintenue dans son manche en bois par une cordelette bien serrée.

Le manche est une reproduction de l'original qui s'est décomposé depuis longtemps.

Il fallait beaucoup de temps pour moudre à la main le grain.

Faisons de la farine

Les humains ont commencé à moudre le grain sur une meule comme celle-ci il y a environ 6 000 ans. La farine obtenue était grossière.

Un grattoir en silex

Le silex, coupant, a été beaucoup utilisé dans la préhistoire. Les premiers outils, comme ce grattoir, étaient simples mais efficaces.

Découper, gratter et nettoyer la fourrure.

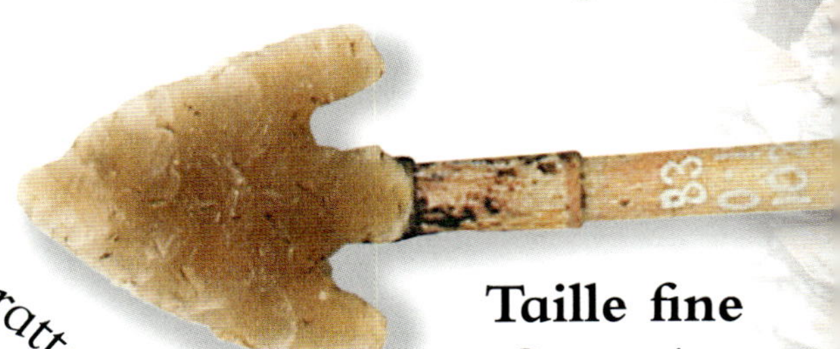

Taille fine

Cette pointe de flèche vieille de 4 500 ans a été taillée en enlevant des éclats de silex à l'aide d'une autre pierre.

Construire

Les roches sont présentes partout dans la ville moderne : sur les trottoirs et sur les routes, dans les maisons ou les immeubles comme dans les hauts gratte-ciel.

Sortie du moule
Les briques sont en argile. Cette roche malléable est moulée puis cuite dans d'énormes fours.

Gratte-ciel
Un gratte-ciel est fait de différents matériaux fabriqués par l'homme, posés sur une armature en acier. Beaucoup de ces matériaux proviennent des roches.

L'armature en acier des bâtiments est à la fois résistante et flexible : elle bouge par vent fort.

sable gravier ciment eau béton

En béton

En mélangeant les ingrédients ci-dessus, on obtient du béton, un matériau de construction qui durcit rapidement. Le béton est utilisé partout dans le monde.

Les Romains utilisaient déjà le béton.

Aujourd'hui, le verre des fenêtres est souvent traité pour être plus solide.

Que la lumière soit !

Le verre naturel, d'origine volcanique, est aussi vieux que la Terre. Les premières plaques de verre faites par l'homme remontent à environ mille ans.

Parfum de mystère

Certaines roches et certains minéraux sont si bizarres qu'ils ont donné naissance à des légendes. Des ongles du diable aux roses des sables, le fantastique est autour de nous.

Wave Rock est aussi haut qu'un immeuble de quatre étages.

Des serpents de pierre ?

Autrefois, on croyait que les fossiles d'ammonites étaient des serpents enroulés, changés en pierre par une religieuse du VIIe siècle, une certaine sainte Hilda. En réalité, les ammonites sont des animaux marins à coquille datant de la préhistoire.

Une vague rocheuse

Cet énorme rocher australien a été baptisé Wave Rock, ce qui signifie «Vague rocheuse». Il mesure une fois et demie la longueur d'un avion gros-porteur. Sa forme résulte de l'érosion de la roche tendre sous la bordure supérieure.

Qui a perdu ses ongles?

Ces formes étranges ne sont pas les ongles du diable, comme on le croyait jadis, mais des fossiles de coquilles d'huîtres.

Une fausse racine

Ce ne sont pas les racines d'un arbre. Il s'agit de fulgurite, une roche qui se forme lorsque la foudre frappe le sable et amalgame les grains.

La bifurcation correspond à la trajectoire de l'éclair.

La fulgurite est un type de verre.

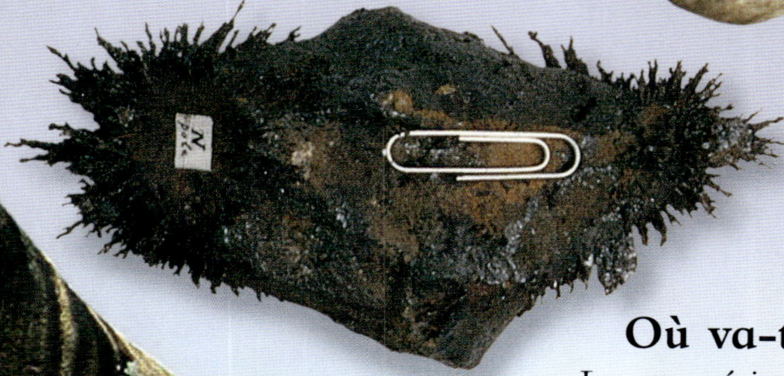

Où va-t-on?

La magnétite est un minéral magnétique riche en fer. On l'utilisait jadis pour fabriquer les aiguilles aimantées des boussoles.

Vraies ou fausses?

Les roses des sables ne sentent hélas rien. Ces créations du désert sont une forme du barite, un minéral.

Les traînées ont été laissées par des minéraux emportés par la pluie.

Lire le passé

Les roches cachent beaucoup de secrets. L'un des plus fascinants est sans doute ce qu'elles racontent sur la Terre au temps des dinosaures.

Les paléontologues, qui étudient la vie passée, peuvent donner l'âge d'un fossile

La mort d'un dinosaure
Un dinosaure se meurt sur une plage. S'il n'est pas mangé et que son squelette demeure intact, une fois la chair décomposée, il deviendra peut-être un fossile.

Les fossiles découverts ne représentent qu'une faible partie des animaux ayant vécu dans le passé.

Qu'est-ce donc ?
Imaginons que quelqu'un, dans le futur, découvre nos empreintes préservées dans la roche. Les empreintes fossiles parlent de créatures mortes depuis longtemps.

en étudiant les roches environnantes.

Un fossile de dinosaure

Le squelette de ce dinosaure a été préservé, car l'animal a été recouvert de boue peu après sa mort et compressé entre des couches de sédiment.

Ceci est le squelette fossilisé d'un dinosaure carnivore appelé « gasosaure ».

Grosses dents

Les dents fossiles abondent. Les dents se conservent très bien, car elles sont très dures. Celles-ci appartenaient à un dinosaure appelé « iguanodon ».

Un nettoyage prudent

Il faut beaucoup de temps pour extraire un gros fossile de la roche dont il est prisonnier. Les paléontologues veillent à ne pas l'abîmer.

S'il le faut, on dégage grain après grain la roche et la poussière entourant le fossile.

À retenir

- Les os, les dents ou la coquille sont les parties d'un animal qui se fossilisent le mieux.
- On trouve aussi des empreintes ou des pistes fossiles.
- Les fossiles sont mis au jour dans les roches sédimentaires telles que le calcaire.

Chercheur de pierres

Pourquoi ne pas commencer une collection en recherchant des pierres? Il y aura peut-être un fossile!

La forme spiralée de cette ammonite fossilisée depuis longtemps se retrouve aujourd'hui dans les coquilles de nautiles.

Pierre après pierre
Cet enfant cherche des fossiles. Cela dépend de la région où l'on vit, mais mieux vaut être prudent lorsqu'on soulève une pierre: elle peut parfois cacher un animal dangereux.

On peut commencer une collection par des cailloux de différentes couleurs.

Échelle de Mohs
On utilise l'échelle de Mohs, établie en 1813, pour mesurer la dureté d'une roche. Plus le nombre est élevé, plus la pierre est dure.

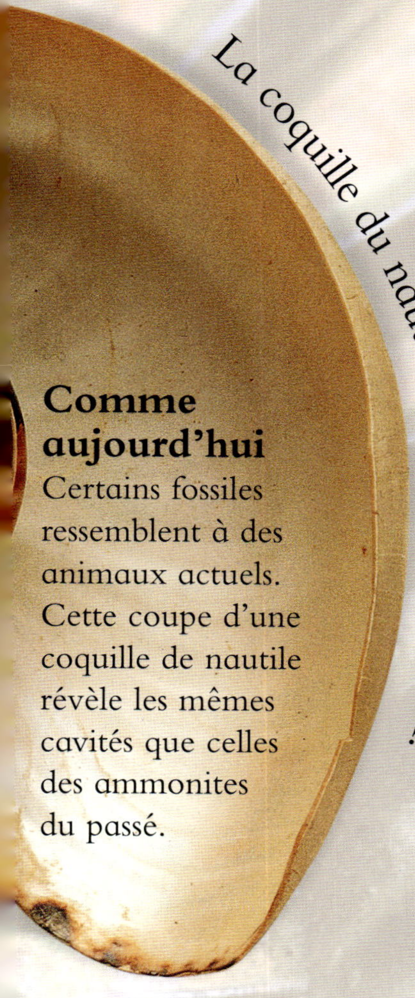

La coquille du nautile est faite de calcium.

La comparaison entre une limule actuelle et un fossile de limule montre que l'animal a peu évolué.

Comme aujourd'hui
Certains fossiles ressemblent à des animaux actuels. Cette coupe d'une coquille de nautile révèle les mêmes cavités que celles des ammonites du passé.

Encore bien portants
Les limules sont des « fossiles vivants » : des animaux dont on a découvert les fossiles avant de trouver des individus vivants.

Caillou-cadeau
Ceci ressemble à un gros caillou à l'allure de pomme de terre moisie. En fait, c'est une matrice. Si on la casse, on découvre de beaux cristaux à l'intérieur.

5
Apatite

5,5
Clou en acier

6
Orthose

7
Quartz

8
Topaze

9
Corindon

10
Diamant

Que fait-on avec…

Les roches, les minéraux et les métaux qu'on en extrait entrent dans la fabrication de beaucoup d'objets du quotidien. Voici quelques exemples.

Avec l'argile :

Avec la fluorite :

Avec le grenat :

Avec le calcaire :

Avec la fluorite :

ordinateurs

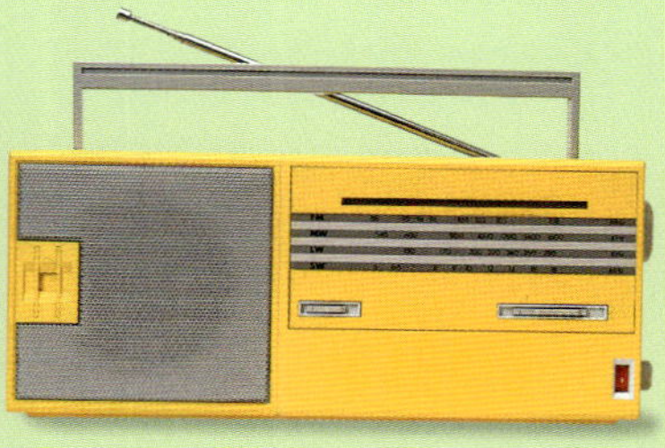

radios

piles de montre

Avec le sable silicieux :

téléviseurs

verre

seaux en plastique

Avec l'argent :

téléphones

appareils photo

cadres

Avec le soufre :

pellicules

allumettes

papier

Avec le talc :

peinture

faïence

poudre de talc

Trésor en vue !

Trouveras-tu le premier le coffre rempli de pierres précieuses ? Attention, la route est pleine de surprises ! Bonne chance !

ARRIVÉE

Bravo !
Le trésor
est à toi !

Règle du jeu

De 2 à 4 joueurs

Il te faut

- Un dé
- Des pions (un par joueur)

Monte **Descends**

Découpe les pions en forme de pierres précieuses, ou utilise d'autres pions. Place les pions sur la case DÉPART. À tour de rôle, chaque joueur lance le dé. Avance d'autant de cases que le résultat indiqué sur le dé. Si tu atterris sur une case avec des instructions, fais ce qui est écrit. Bonne chance !

Tu cours pour éviter une coulée de lave. **Avance de 4 cases**

Tu montes à bord d'un hélicoptère. **Avance de 5 cases**

D'énormes blocs de roche te barrent la route. **Recule de 5 cases**

Sans issue. **Recule de 4 cases**

Tu trouves un tunnel comme raccourci. **Avance de 4 cases**

Nid-de-poule droit devant, tu fais demi-tour. **Recule de 6 cases**

Vrai ou faux ?

Teste tes connaissances les roches et les minéraux ? Les affirmations, sont-elles vraies ou fausses ?

L'or se trouve dans des filons de quartz.
Voir page 28

L'améthyste est une variété de cristal de quartz.
Voir page 24

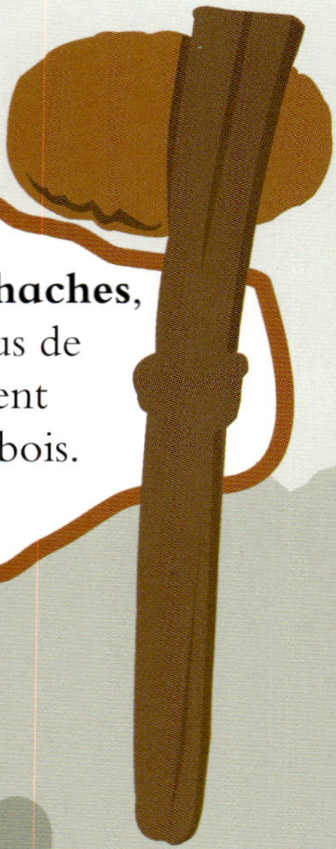

Les premières haches, utilisées il y a plus de 70 000 ans, avaient des manches en bois.
Voir page 34

En mélangeant du cuivre et de l'étain, on obtient du bronze, utilisé en sculpture.
Voir page 31

Le corail est une plante sous-marine.
Voir page 27

Dans une grotte calcaire, tu peux voir des stalagmites pendre du plafond.
Voir page 19

La craie est une roche sédimentaire qui met des millions d'années à se former.
Voir page 13

Toutes les gemmes utilisées en bijouteries sont des minéraux.
Voir page 27

Les fossiles se trouvent surtout dans les roches ignées.
Voir page 41

Certains métaux sont extraits de roches qu'on appelle minerais.
Voir page 30

Les roches sont stables par nature et ne sont pas affectées par les forces naturelles.
Voir page 20

Par-ci, par-là

Les réseaux de grottes peuvent être de véritables labyrinthes. Réponds correctement aux questions pour trouver la sortie.

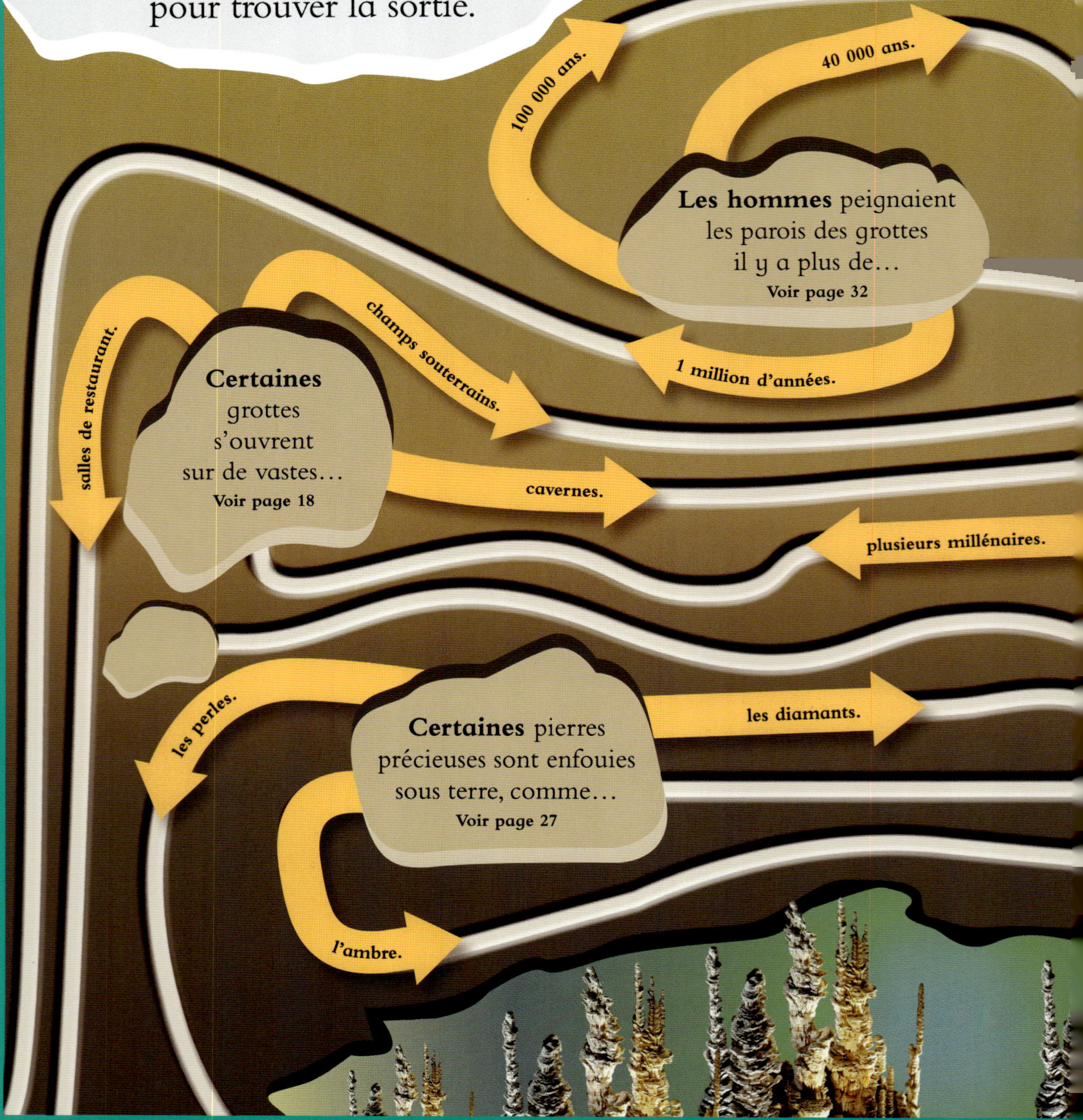

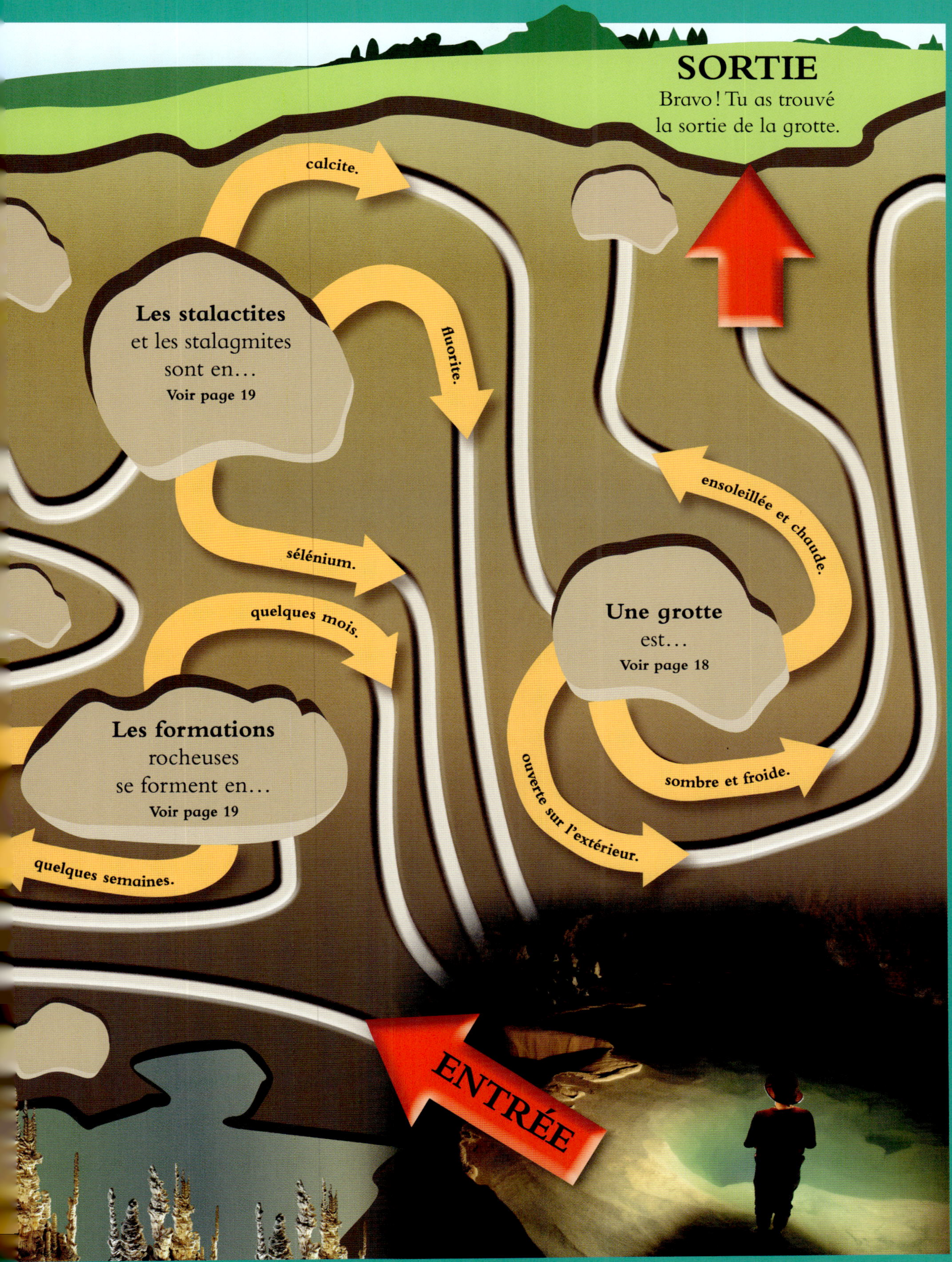
SORTIE
Bravo ! Tu as trouvé la sortie de la grotte.
calcite.
Les stalactites et les stalagmites sont en…
Voir page 19
fluorite.
sélénium.
quelques mois.
Les formations rocheuses se forment en…
Voir page 19
quelques semaines.
Une grotte est…
Voir page 18
ensoleillée et chaude.
sombre et froide.
ouverte sur l'extérieur.
ENTRÉE

Le sais-tu ?

Les roches et les minéraux sont partout. Parviendras-tu à associer chacun des indices à l'image correspondante ?

Perles

Limule

Cinabre

Magnétite

Diamant

Silex

Cheminée de fée

Nous utilisons ces cristaux blancs presque tous les jours. **Voir page 25**

Les premiers hommes l'utilisaient il y a 40 000 ans pour peindre les parois des grottes. **Voir page 32**

Cette roche en forme de rose est en baryte. **Voir page 39**

On dit de cet animal marin qu'il est un fossile vivant. **Voir page 43**

Cette roche provient de la fusion de morceaux de roches différentes, qui crée des motifs ondulés. **Voir page 15**

Ce minéral, employé dans les premières boussoles, entre aujourd'hui dans la composition du fer. **Voir page 39**

Ce minéral était fréquemment utilisé en peinture au Moyen Age. **Voir page 33**

Cette formation rocheuse spectaculaire, sculptée par l'érosion, est en grès. Elle est couronnée d'une roche plus dure. Voir page 20

Certaines personnes pensent que les cristaux ont des pouvoirs. Celui-ci favoriserait l'amitié. Voir page 25

Cette gemme précieuse, très utilisée en bijouterie, provient de l'intérieur d'un organisme vivant. Voir page 27

Il s'agit d'une des plus vieilles pierres utilisées par l'homme. Elle a été taillée et aiguisée avec une autre pierre. Voir page 35

Cette roche est tombée sur Terre depuis l'espace. Voir page 16

Ce sédiment s'est formé sous l'action de millions d'années d'érosion. Voir page 13

Le matériau dont est faite cette gemme est le plus dur au monde. Voir page 26

Cet objet est fabriqué dans un minéral malléable et facile à mouler qui est ensuite durci par cuisson. Voir page 36

Cette roche, qui peut être sculptée, se forme à une pression et une température élevées. Voir page 14

Le métal qui sert à fabriquer cet objet est le plus cher au monde. Voir page 29

Migmatite

Théière en terre cuite

Sel

Rose des sables

Lapis-lazuli

Charbon

Pièce de platine

Sculpture en marbre

Météorite

Sable

Glossaire

Voici quelques définitions de mots utiles pour partir à la découverte des roches et des minéraux.

Alliage Métal fabriqué à partir de deux métaux ou plus.

Basalte Roche magmatique la plus abondante.

Carrière Endroit où l'on extrait des roches.

Charbon Roche formée sur des millions d'années à partir de végétaux enfouis et compressés.

Cheminée de fée Colonne de roche tendre surmontée d'un chapeau plus dur qui la protège de l'érosion.

Cristal Forme particulière et régulière sous laquelle se présentent naturellement certains minéraux.

Érosion Transformation d'un paysage par fragmentation et enlèvement des roches.

Fossile Restes d'animaux ou de végétaux anciens ou traces de leur activité préservés dans la roche.

Glacier Masse de glace et de neige s'écoulant sous son propre poids.

Lave Roche fondue (magma) qui jaillit à la surface de la Terre.

Lignite Roche formée à partir de végétaux avant que ceux-ci deviennent du charbon.

Magma Roche fondue dans les profondeurs de la Terre.

Manteau Partie de la Terre située entre la croûte et le noyau.

Météore Morceau de roche et de métal provenant de l'espace, qui brûle en pénétrant dans l'atmosphère terrestre.

Météorisation Fragmentation de la roche par l'eau, le vent, le gel, les variations de température ou les végétaux.

Météorite Morceau de roche et/ou de métal provenant de l'espace, qui parvient à la surface de la Terre.

Mine à ciel ouvert Mine creusée en cuvette à la surface et non sous forme de galeries souterraines.

Minerai Roche contenant du métal utilisable.

Minéral Solide naturel possédant des caractéristiques particulières (par exemple la dureté), qui compose les roches.

Pépite Petit bloc de métal précieux.

Roche magmatique Roche formée par le refroidissement et le durcissement de magma ou de lave.

Roche métamorphique Roche fondue sous l'action de la chaleur et de la pression qui, en refroidissant, cristallise sous une forme différente de celle qu'elle avait à l'origine.

Roche sédimentaire Roche formée par durcissement d'une masse de sédiments.

Sédiments Petits morceaux de roche, de matière végétale ou animale, transportés puis déposés par l'eau, le vent ou les glaciers.

Index

Remerciements

Dorling Kindersley remercie : Dorian Spencer Davies pour les illustrations originales, Fleur Star pour le glossaire et Pilar Morales pour la fabrication.

Crédits photographiques

L'éditeur remercie les personnes suivantes de l'avoir autorisé à reproduire leurs photographies/images :

b = bas ; c = centre ; d = droite ; g = gauche ; h = haut ; p = premier-plan

1 Corbis : David Forman/Eye Ubiquitous ; **2-3 Corbis** : Darrell Gulin ; **4tg Dreamstime.com** : Supertrooper ; **4bg** Daniele Taurino ; **5td & tcd Dorling Kindersley : National History Museum, Londres**, **5bg & bcg GeoScience Features Picture Library** ; **5bcd Corbis** : Lester V Bergman ; **6t Getty Images** : Schafer & Hill ; **7tg Science Photo Library** : Stephen & Donna O'Meara ; **8bg Corbis** : James A.Sugar ; **8-9c Getty Images** : Spencer Jones ; **8-9b SPL** : Bill Bachman ; **9t Corbis** : Galen Rowell ; **9tg & cg Dorling Kindersley : National History Museum, Londres** ; **9c & b Corbis** : M. Angelo ; **10bg Corbis** : Martin Jones ; **10bd GeoScience Features Picture Library** ; **11 Corbis** : Ric Ergenbright ; **11tcd Dorling Kindersley : National History Museum, Londres 12-13 Ardea London Ltd** : Ake Lindau ; **12c Ardea London Ltd** : P.Morris ; **12 bg & bd Dorling Kindersley : National History Museum, Londres** ; **13c, bg, bc & bd Dorling Kindersley : National History Museum**, **13t Powerstock** : Liane Cary ; **14-15 Corbis** : WildCountry, **14tg Corbis** : Richard Klune ; **14td GeoScience Features Picture Library**, **14b Corbis** : Araldode Luca ; **16-17 Science Photo Library** : Mike Agliolo, **16d Science Photo Library** : Detlev Van Ravenswaay, **17c Science Photo Library** : Eckhard Slawik,**17t Science Photo Library** : Mehau Kulyk, **17b Science Photo Library** : Bill Bachman ; **18 Corbis** : Annie Griffiths Belt ; **18tg Dorling Kindersley : National History Museum, Londres** ; **19t Corbis** : Craig Lovell, **19b Corbis** : Roger Ressmeyer, **20-21 Science Photo Library** : David Nunuk, **20d Corbis** : Royalty-Free ; **22-23 Science Photo Library** : Bernhard Edmaier, **22t Science Photo Library** : Simon Fraser, **23c Ardea London Ltd** : Francois Gohier, **24 Science Photo Library** : Sinclair Stammers ; **25t Dorling Kindersley : National History Museum, Londres** ; **25cd SPL** : Cristina Pedrazzini, **25 bg & bd Science Photo Library** : Vaughan Fleming, **26-27 & 26bcd Science Photo Library** : Alfred Pasieka ; **26-27c Dreamstime.com** : Mishatc, **26bd Dreamstime.com** : Mishatc ; **26tg Science Photo Library** : J.C.Revy, **26c Science Photo Library** : Lawrence Lawry ; **26bg Dorling Kindersley : National History Museum, Londres** ; **27td, cdb, bd, bcd & bdg Dorling Kindersley : National History Museum, Londres** ; **28-29 Corbis** : Lindsay Hebberd, **28g Corbis** : ML Sinibaldi, **29d Corbis** : Tim Graham, **30-31 Corbis** : Yann Arthus-Bertrand ; **30b Getty Images** : Jaime Villaseca ; **31tg Dorling Kindersley : National History Museum, Londres** ; **31b Corbis** : The State Russian Museum, **32 Corbis Sygma** : Pierre Vauthey ; **33td Dorling Kindersley Picture Library** : Museo de Zaragoza ; **33c Dorling Kindersley Picture Library** : Museum of London ; **33bg Corbis** : David Lees, **34 Corbis** : Ric Ergenbright ; **35td & bg Dorling Kindersley Picture Library** : Museum of London, **35bd Dorling Kindersley Picture Library** : British Museum ; **36-37 Corbis** : Lee White ; **37tg Dorling Kindersley : National History Museum, Londres** ; **37cb Corbis** : Michael Prince ; **38-39 Ardea London Ltd** : Jean-Paul Ferrero ; **39tg Science Photo Library** : Astrid & Hanns-Frieder ; **39td Science Photo Library** : Peter Menzel ; **39cg Dorling Kindersley : National History Museum, Londres** ; **39bd SPL** : Martin Land, **40-41 Science Photo Library** : Mehau Kulyk ; **40tg Dorling Kindersley : National History Museum, Londres** ; **40bc SPL** : Sinclair Stammers, **42-43 Science Photo Library** : Lawrence Lawry ; **42cg Getty Images** : Clarissa Leahy ; **Corbis** : Jeffrey L. Rotman ; **43bcg Dorling Kindersley : National History Museum, Londres** ; **43bd Dreamstime.com** : Mishatc ; **44td Dorling Kindersley Picture Library** : British Museum ; **44cd Dreamstime.com** : Juan Moyano ; **45tg Dorling Kindersley : National History Museum, Londres** ; **45cp, tg, c & cd Dreamstime.com** : Kitchner Bain, Daniele Taurino, Brett Critchley, Olira ; **46cgp Corbis** : Albert Lleal / Minden Pictures ; **46cdp Getty Images** : Stocktrek ; **47bg Dorling Kindersley : Rough Guides** ; **48g & 49d Science Photo Library** : Dr. Jeremy Burgess ; **48bg Dreamstime.com** : Alexander Khromtsov ; **48cg Getty Images** : Siede Preis / Photodisc ; **49cg Dorling Kindersley : National History Museum, Londres** ; **49c Dreamstime.com** : Elen ; **49b** Libux77 ; **49cd Getty Images** : Jaime Villaseca / Stone ; **50-51bc Dorling Kindersley** : Aven Armand ; **51bd Corbis** : Sean White, Design Pics, Design Pics ; **52cdp Dorling Kindersley** : L. Cornelissen and Son Ltd ; **52c National History Museum, Londres** ; **52cp, td, bd & cd Dreamstime.com** : Kevin Knuth , Pzaxe, Kolaczan ; **52cd Fotolia** : apttone ; **53cb Corbis** : James L. Amos ; **53cp Dorling Kindersley : National History Museum, Londres** ; **53bc Rough Guides** ; **53tc & cg Dreamstime.com** : Alexpurs, Alexander Hoffmann ; **54-55 Corbis** : Owaki-Kulla ; **58cgb Dorling Kindersley** : Geoff Dann/Wisdom Omoda Omodamwe - modelmake, **58 National History Museum, Londres** (tl, tc, tc/Rhodochrosite Crystals, ca, cra, c, cb) ; **58 Rough Guides** (cr, cr/Giant's Causeway), **58 Getty Images** : Siede Preis/Photodisc (cb/Amethyst) ; **59td, cgp, cg, cb & cdb Dorling Kindersley : National History Museum, Londres** ; **59cdp Oxford University Museum of Natural History ; 62hg, cg, cgb, cb, bg Dorling Kindersley : Natural History Museum, Londres ; 62cd Oxford University Museum of Natural History ; 62cdp Fotolia** : electriceye ; **63hc, hd, cb, bg Dorling Kindersley : Natural History Museum, Londres.** Toutes les autres images © Dorling Kindersley.
Couverture : Dorling Kindersley sauf 1er plat : **shutterstock © Mr.LIGHTMAN, MarcelClemens, Goran Bogicevic, trekandshoot**. Dos : **Natural History Museum**. 4e plat : **shutterstock © WhitthayaP**

Granite

Huître perlière

Rhodocrosite

Grotte de Postojna, Slovénie

Carbonate

Gypse

Coquille de nautile

Topaze

Grand Canyon, États-Unis

Opale

Perle

Statue en bronze

Fluorite

Mercure

Chaussée des Géants, Irlande

Or

Magnétite

Diamant

Améthyste brute

Grenat

Ambre

Pierre ponce

Olivine

Tadj Mahal, Inde

Saphir

Cristal de roche

Chrysocolle

Turquoise

Platine

Onyx

Améthyste

Opale brute

Baryte

Argent

Péridot

Crocoïte

Obsidienne

Quartz rose

Aigue-marine

Grès

Rubis

Soufre

Twelve Apostles, Australie

Cuivre

Émeraude

Turquoise

Rocher de Shiprock, États-Unis

Corail

Saphir brut

Statue en marbre

Hémimorphite

Boucles d'oreille en hématite

Péridotite

Craie

Muscovite et cristaux d'apatite

Talc

Chalcopyrite

Couronne en or

Grossulaire

Statue Moaï sculptée dans la roche, île de Pâques

Stibnite

Cinabre

Grenouille en aventurine

Conglomérat

Rose des sables en gypse

Épingle avec turquoise

Sard

Wulfénite

Apophyllite verte

Rose des sables en gypse

Cristaux de lazurite

Howlite

Variscite

Nacre

Mont Rushmore, États-Unis

Millérite

Stonehenge, Grande-Bretagne

Pyrophyllite

Cheveux de Pelé

Galet de zircon

Copal

Fulgurite

Quartz rose

Chrysocolle

Wulfénite

Néphrite

Broche en argent

Cristaux de zircon

Cristaux de pyrite

Septaria, ou nodule

Brookite

Énargite

Sard

Turquoise

Coquille d'haliotide

Jade

Agate

Le Sphinx de Gizeh, Égypte

Wavellite

Bauxite

First published in the U.K. in 1993 by
Evans Brothers Limited,
2A Portman Mansions,
Chiltern Street,
London W1M 1LE

First published in Australia in 1992 by
Macmillan Education Australia Pty. Ltd.,
107 Moray Street, South Melbourne 3205
6 Clarke Street, Crows Nest 2065

Illustrations by Anneke Veenstra-Quah

ISBN 0 237 51302 1

Set in Helvetica and Times Roman by
CAPS & lowercase, Australia
Printed in Hong Kong

What's the Difference?

Monkeys and Apes

Written by Harry Breidahl ∗ Illustrated by Anneke Veenstra-Quah

Contents

Monkeys and Apes

There are almost 150 different kinds of monkeys and apes. They live in trees or on the ground in all kinds of places.

Gibbons are apes that live in the tropical forests of Asia.

Chimpanzees are apes that live in the forests of Africa.

Japanese Macaques are monkeys that live in mountains where it snows in winter.

Tamarins and spider monkeys are monkeys that live in the tropical forests of South America.

Baboons are monkeys that live in hot African grasslands.

What's the Difference?

Monkeys and apes look alike because they are closely related animals. However, there are some differences between them.

Some differences, such as the presence of a tail, are easy to see.

A Black-handed Spider Monkey

A Common Chimpanzee is an ape

Monkeys	**Apes**
Generally have a tail.	Do not have a tail.
	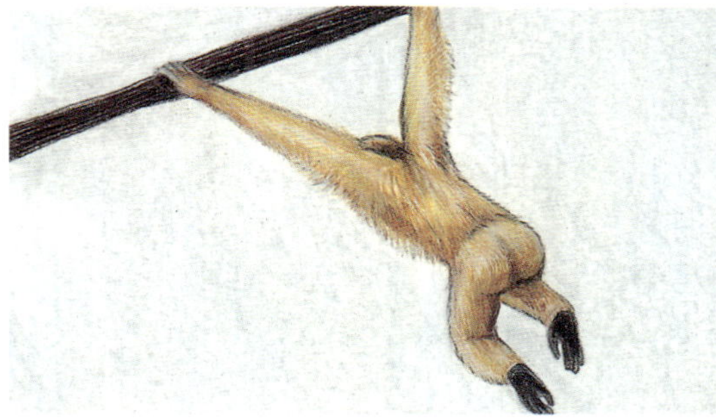
Arms and legs generally same length.	Arms generally longer than legs.

Found in South America, Africa and Asia.	Found in Africa and Asia.
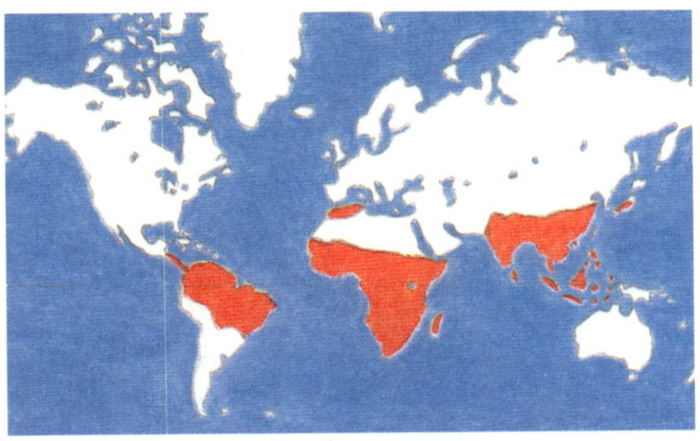	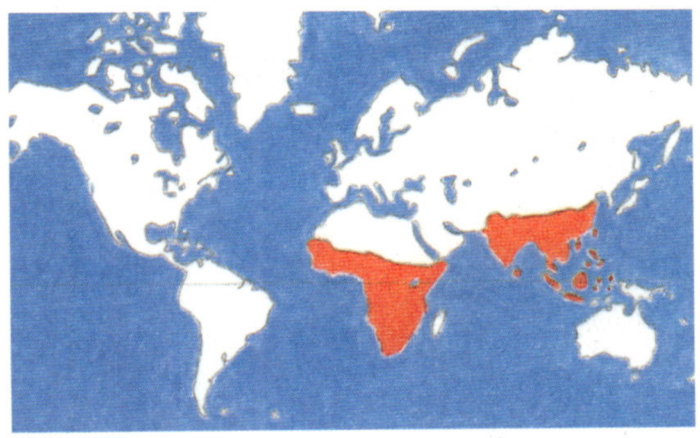

Mammals

Monkeys and apes belong to a group of animals called mammals.

All mammals feed their babies on milk.

Almost all mammals give birth to live young.

All mammals are warm-blooded.

Most mammals are covered in fur or have hair.

All mammals have a backbone as part of the skeleton inside their bodies.

There are five types of animals that have a backbone as part of their skeleton.

Animals with Backbones

- Fishes
- Amphibians
- Reptiles
- Birds
- Mammals

Primates

There are many different types of mammals. Monkeys and apes belong to a group of mammals known as primates.

A primate has both eyes facing forwards, allowing it to judge distances.

A primate has a large brain. Primates with bigger brains are called higher primates. Those with smaller brains are called lower primates.

Most primates have fingernails and toenails instead of claws.

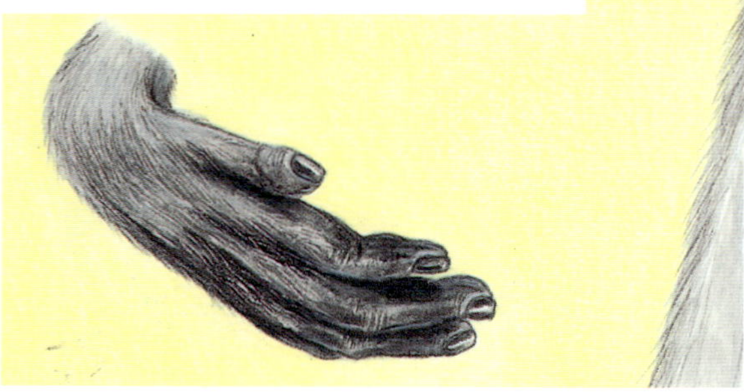

A primate has hands and feet instead of paws.

As well as monkeys and apes there are a number of different primates, including humans.

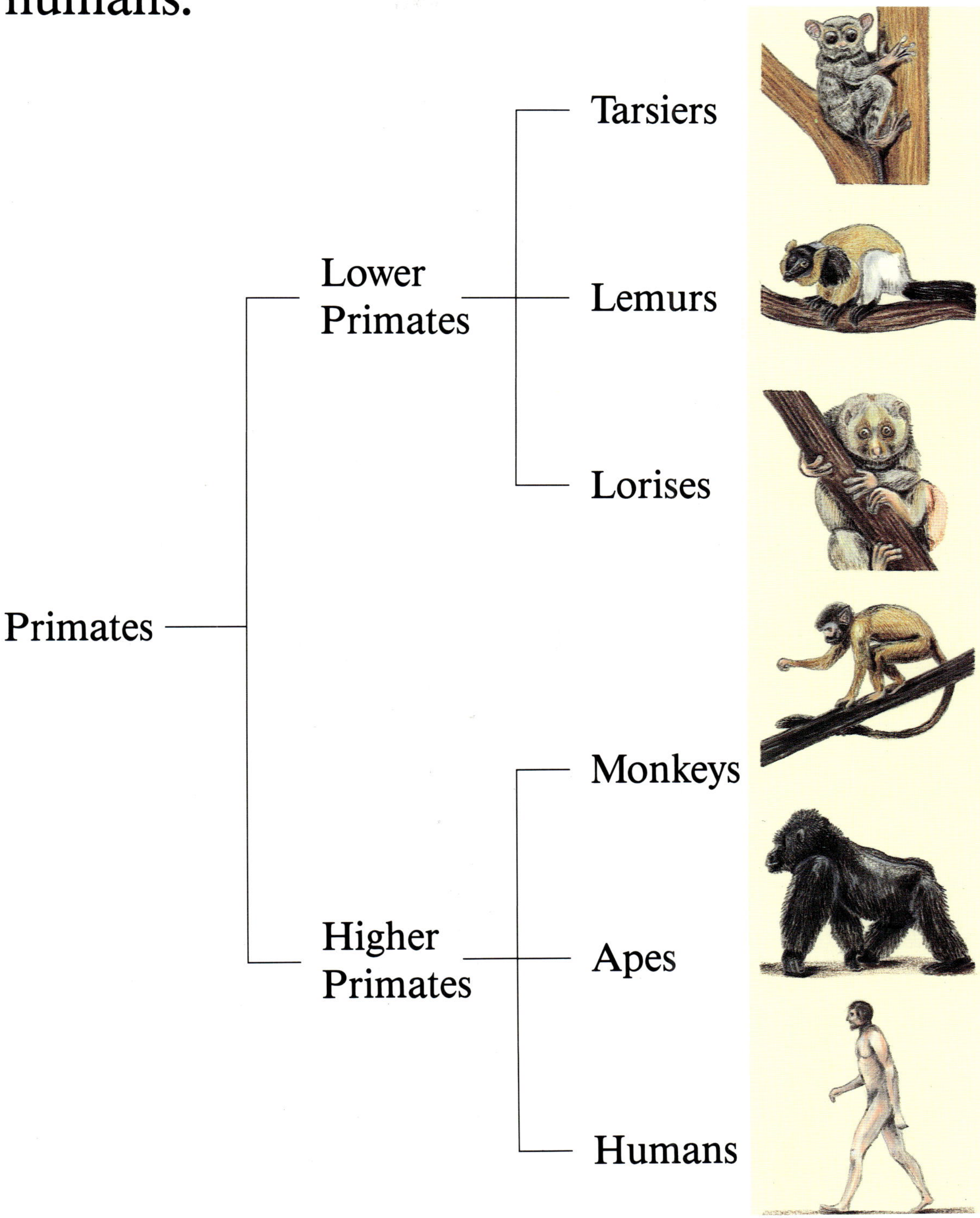

Monkeys

There are two types of monkeys, the Old World monkeys and the New World monkeys.

Old World monkeys are found in Africa and Asia. Their nostrils are close together and point down.

Leaf monkeys are Old World monkeys that live in trees.

Baboons are Old World monkeys that live on the ground.

New World monkeys live in trees in the tropical forests of South America and Central America. Their nostrils are far apart and point sideways.

Tamarins are small monkeys that move about the treetops by running along branches.

Spider monkeys can use their tails to hold onto branches.

Apes

There are also two types of apes. They are the lesser apes and the great apes.

Gibbons are called lesser apes because they are smaller than other apes. They use their long arms to swing about the treetops in the tropical forests of Asia.

Gorillas and chimpanzees are great apes that live in the forests of Africa. They spend much of their time on the ground.

Orang-utans are great apes that live in the tropical forests of Borneo and Sumatra where they spend almost all of their time in the trees.

Hands and Feet

A primate's hands and feet can tell us a great deal about how it lives.

Tamarins are monkeys that have claws instead of fingernails. These claws help them to hold on as they climb trees and run along branches.

Baboons are ground-living monkeys that walk with their hands and feet flat on the ground. They can also use their hands for holding objects.

Gibbons are tree-living apes. They have small thumbs and hold onto branches by using their fingers like a hook. Gibbons can also hold onto branches with their feet, by using their big toe like a thumb.

Chimpanzees can use their hands to hold onto small objects, such as sticks. They sometimes use sticks to get ants out of an ants' nest.

Communication

Most monkeys and apes live in groups, from small family groups to large groups of up to one hundred. Members of a group need to communicate with each other or with members of other groups.

One way that forest-living monkeys, such as this Mandrill, communicate is with colours on their face, chest or bottom.

Red Uakari

De Brazza's Monkey

Emperor Tamarin

Forest-living monkeys and apes, such as this Silvery Gibbon, also communicate with loud noises, howls, whoops, roars, screams and booms.

Chimpanzees use facial expressions to send messages.

begging for food

fear grin

attacking snarl

Primate Lifetimes

Young monkeys and apes take longer to grow up than other mammals. They are looked after by their mothers for much longer than most other mammals.

Young monkeys and apes are like human children. They like to make friends and play games. One way that young monkeys and apes make friends is by grooming each other's fur.

young Orang-utan

Orang-utans are apes that may live for up to 35 years. As an Orang-utan grows up, it not only gets bigger but its face changes shape.

adult female Orang-utan

adult male Orang-utan

Primate History

Compared to some other animals, the history of primates on earth is not very long. However, it is important to many scientists because monkeys and apes are humans' closest animal relatives.

By about 70 million years ago, the first primates were present in ancient forests. These early primates probably looked like this modern tree shrew.

By about 20 million years ago, early apes were present in the forests that covered much of Africa at that time.

Primate Conservation

Humans hunt monkeys and apes for many reasons. Some are captured for zoos or to be kept as pets. A few are killed for food and many are cruelly killed to provide souvenirs for tourists.

Some types of monkeys and apes are now in danger of becoming extinct. Although hunting kills many monkeys and apes, the destruction of the places where they live is the main threat to their survival.

Hopefully it is not too late to save endangered monkeys and apes. Many people are already working to stop this needless killing and the destruction of their habitat.

Glossary

Amphibian An animal that has a backbone and two clear stages to its life cycle: a tadpole stage that generally lives in water and breathes with gills, and an adult stage that generally lives on land and breathes with lungs. Amphibians are cold-blooded and have wet skin. Most amphibians lay eggs.

Backbone A series of bones that are part of an animal's skeleton. All fishes, amphibians, reptiles, birds and mammals have backbones.

Bird An animal that has a backbone and is covered in feathers. All birds are warm-blooded and lay eggs with hard shells.

Endangered A word used to describe a plant or animal that will soon become extinct if it is not protected.

Extinct A word used to describe an animal or plant that is no longer living.

Fish An animal that has a backbone, lives in water and breathes with gills. Most fish are cold-blooded, covered in scales and lay eggs.

Grooming When a mammal cleans its own or another mammal's fur by picking through the fur and removing dirt and bugs.

Habitat Any place where an animal or plant naturally lives.

Mammal An animal that has a backbone and feeds its babies on milk. All mammals are warm-blooded and almost all mammals are covered in fur and give birth to live babies.

Primate A mammal that has a large brain, eyes facing forward, hands instead of paws and may have fingernails instead of claws. Monkeys and apes are primates.

Reptile An animal that has a backbone and dry, scaly skin. Reptiles are cold-blooded and lay eggs with leathery shells.

Skeleton The hard parts of an animal's body. Fishes, amphibians, reptiles, birds and mammals have a skeleton made of bone or cartilage on the inside of their bodies.

Warm-blooded A word used to describe an animal with a body temperature that stays the same even if its surroundings get hotter or colder.

Index

tommy walsh
KITCHENDIY

tommy walsh
KITCHENDIY

TED SMART

To my wife Marie and my kids, Charlotte, Natalie and Jonjo, for putting up with my manic lifestyle, and the fact that on the rare occasions that I am home, I'm often secreted away in my study writing.

This edition produced for The Book People Ltd.
Hall Wood Avenue.Haydcck,St Helens WAII 9UL

First published in 2004 by Collins an imprint of HarperCollins*Publishers*,
77-85 Fulham Palace Road, London, W6 8JB

The Collins website address is: www.**collins**.co.uk

Designed and produced by Airedale Publishing

Designed and produced by Airedale Publishing Ltd
Art Director: Ruth Prentice
PA to Art Director: Amanda Jensen
Editors: Ian Kearey, Gwen Rigby
Designers: Claire Graham, Hannah Attwell
Assistants: Andres Arteaga, Anthony Mellor, Neal Kirby
DTP: Max Newton
Tommy Walsh photographs: David Murphy
Other photographs: Sarah Cuttle, David Murphy, Mark Winwood,
Artworks: David Ashby
Consultant: John McGowan
Index: Emma Callery

For HarperCollins
Senior Managing Editor: Angela Newton
Editor: Alastair Laing
Design Manager: Luke Griffin
Editorial Assistant: Lisa John
Production Controller: Chris Gunney

A CIP catalogue record for this book is available from the British Library

ISBN: 0 00 770553 0
Colour reproduction: Colourscan
Printed and bound: Lego, Italy

contents

2 kitchen repairs *19*

3 kitchen planning *35*

5 kitchen surfaces *101*

introduction

Other than the bedroom, the kitchen is probably the room where we spend most of our time at home. Unlike the bedroom, we're wide awake in the kitchen (well usually!) and what a wonderful feeling it gives to create a kitchen environment tailored to suit your very own personal requirements.

A kitchen needs to be practical, hygienic and aesthetically pleasing. Under these three main headings, you should list all the ingredients for your dream kitchen, just like a good meal. Get that right and the end result will be a success.

Kitchens are very personal and quite often, when inherited, may create a great deal of dissatisfaction and irritation. It's not always necessary to rip out the whole lot and start again. A renovation job maybe, or a few simple alterations might just be enough to give you the perfect kitchen.

You know that old adage 'You can't have your cake and eat it', well you can when it comes to your kitchen, if you follow the tips and guidelines in this book.

So good luck!

tools

I don't know what it is, but there's something about tools, particularly power tools, that makes 'grown-ups', both men and women, behave like children with new toys! As with toys, despite the best will in the world, tools are often bought for, and by us, that prove inappropriate for the user, or the job in hand.

Listed is a collection of tools that normally covers most of the DIY requirements in the average home. Always remember to read the safety information provided with the tool BEFORE use, and practise on some scrap material to familiarize yourself with the tool before using it for the task for which you purchased it.

LARGE TOOLS & DRILLS

always remember to read the safety information provided BEFORE use and practise before using for the first time

1 toolbox
2 14 volt cordless drill
3 18 volt cordless drill
4 cordless hammer drill
5 small cordless drill
6 drillbit selection
7 corded jigsaw
8 radial arm mitre saw (right)

GENERAL TOOLS

1 large craft knife
2 small craft knife
3 pliers & pincers
4 oilstone
5 bradawl

1 clamps
2 adjustable square
3 spirit level
4 pocket spirit level
5 tape measure
6 sliding bevel
7 set square

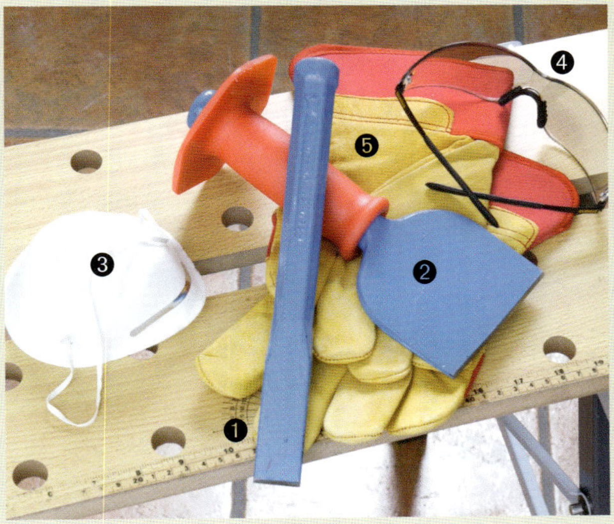

1 cold chisel
2 bolster chisel
3 dust mask
4 safety glasses
5 gloves

safety glasses and a mask are essential for any task that could produce flying pieces

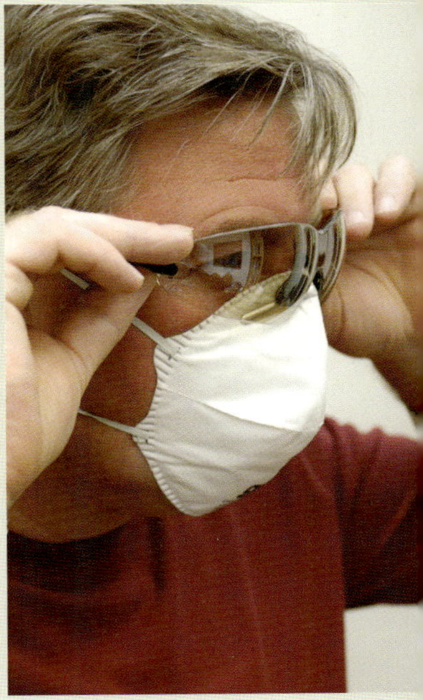

GENERAL TOOLS

1 wood plane
2 block plane
3 hack saw (junior)
4 large hacksaw
5 coping saw
6 hand saw
7 tenon saw
8 set of hole saws

1 claw hammer
2 chisel selection
3 screwdriver selection
4 rubber mallet
5 pin hammer

ELECTRICAL TOOLS

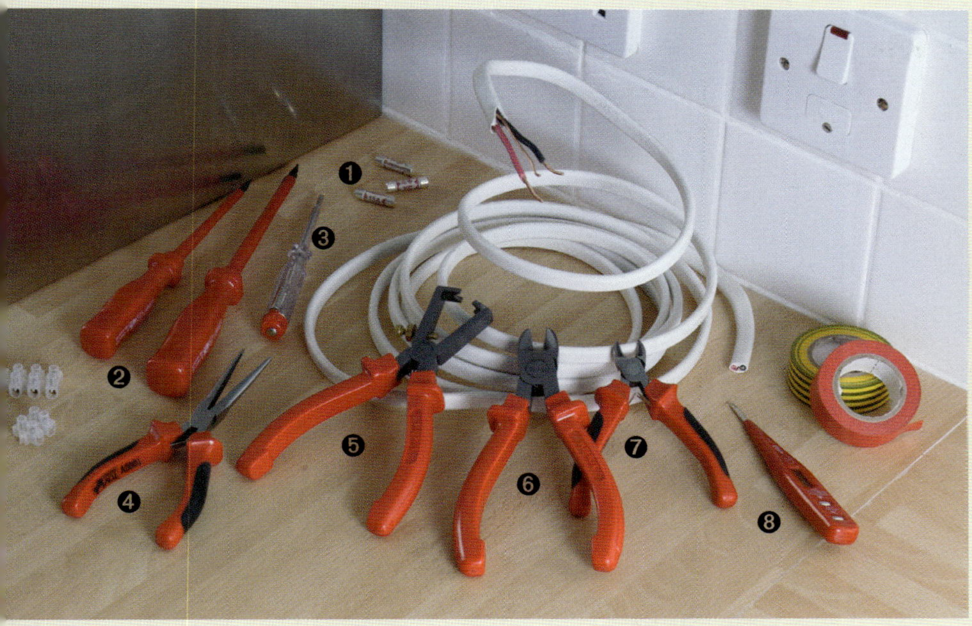

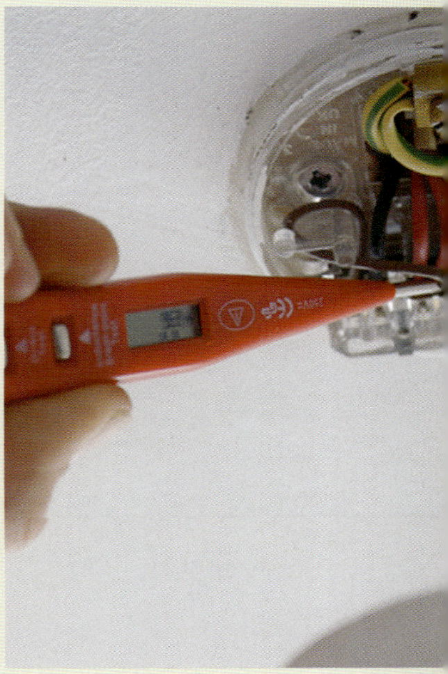

1 fuses
2 electric screwdrivers
3 tester screwdriver
4 long nose pliers
5 wire strippers
6 cable cutters
7 wire cutters
8 electrical tester

PLUMBING TOOLS

1 hydraulic pump
2 sink plunger
3 pipe cutter
4 adjustable spanners
5 plier wrench
6 gas torch
7 PTFE tape

DECORATING TOOLS

1 wallpaper scissors
2 wallpaper brush
3 scraper
4 pasting brush

1 paintbrushes
2 paint tin
3 roller & tray
4 filling knifes
5 sealant gun
6 scraper

1 palm sander
2 sanding blocks
3 sandpaper
4 sander

TILING TOOLS

1 tile cutter
2 sponge
3 tile nibbler
4 rubber float
5 steel serrated trowel
6 tile spacers
7 tile cutting jig (below)

kitchen basics

Find out exactly what sort of heating and electrical systems are installed in your home, BEFORE starting any work, thus reducing greatly the disaster factor!

plumbing

In order to understand plumbing and how it works, it's essential to know where and how the water enters and exits your property, and what happens to it while it's in there. The mains water is supplied by the local water supplier to a stopcock, either just inside or just outside your property, via the suppliers stopcock.

WATER SYSTEMS

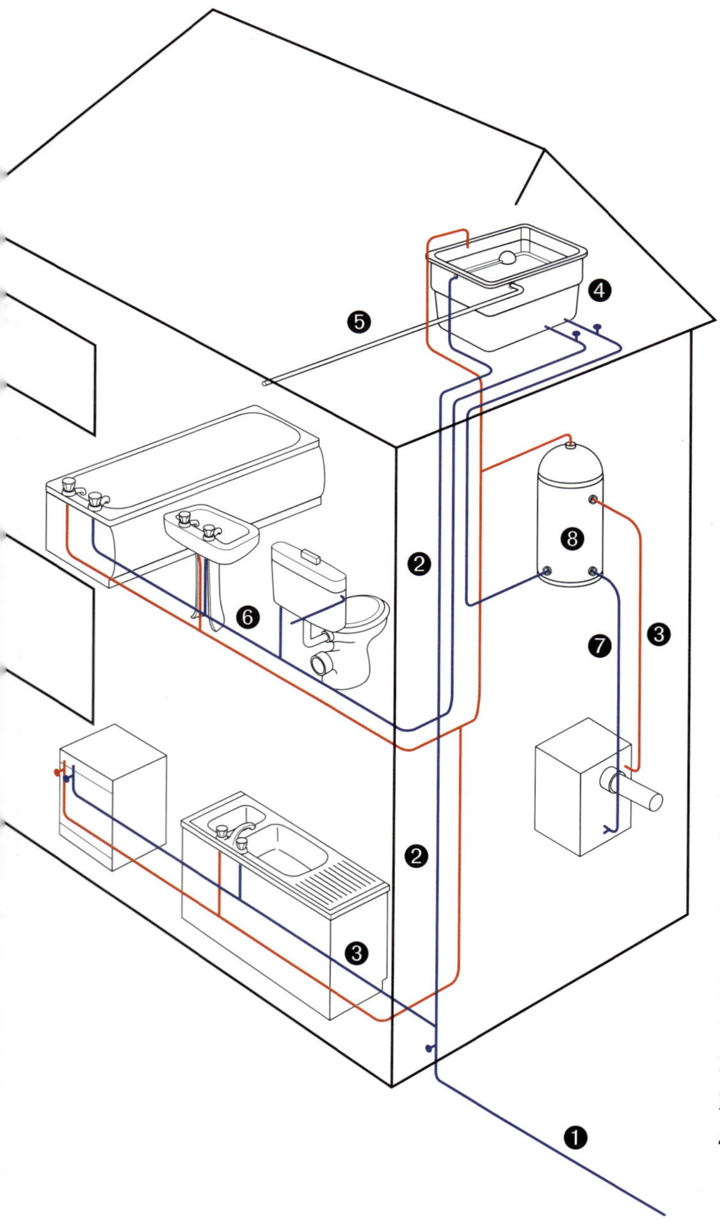

WATER

Water is supplied to a house through a mains pipe. Each property is served by its own individual supply, which branches off the water company's large supply main in the street. The supply enters the property via a stopcock, and that's where the water company's responsibility ends – everything your side of the company stopcock is up to you.

The vast majority of homes receive their water through either a lead or galvanized steel pipe, although in the last 25 years or so all new main or replacement supplies have been through a more durable blue plastic pipe. This is far more efficient and doesn't corrode. If you have a leaking, old-style mains pipe on your property, make sure that when it needs replacing, you replace it with a blue plastic mains pipe.

This pipe normally reaches the house underneath or close to the kitchen sink, supplying you with a fresh supply of drinking water. From here, the rising main carries it either to a storage tank in the loft (an indirect system) or directly to cold taps and the boiler that heats the hot water (direct system). In an indirect system, the tank supplies water to a hot cylinder, where it is heated by an electric immersion heater or by circulation of hot water from the boiler.

INDIRECT WATER SYSTEM

1 service pipe from water company
2 rising main
3 drinking water from rising main
4 cold-water storage tank
5 overflow pipe
6 cold feed pipe to bathroom
7 cold feed pipe to boiler
8 hot-water cylinder

INDIRECT OR STORED-WATER SYSTEM

The indirect system employs a storage tank, usually located in the loft, which distributes water to the rest of the house (under reduced pressure) and to appliances such as the WC, hand-basins and bath.

The water pressure at the various taps around the house depends on the vertical height between the tank and the tap; the greater that is, the better the water pressure. One advantage of this stored-water system is that it provides sufficient water to wash or flush the WC during a temporary mains failure. The major part of the supply is under low pressure, so the system is reasonably quiet, and there is less likelihood of impure water siphoning back into the mains supply.

DIRECT OR MAINS-FED SYSTEM

More recent systems are mains-fed, taking all their water directly from the mains supply. All the taps are under high pressure, which enables you to drink from any cold outlet, and the system itself incorporates non-return check valves to prevent drinking water becoming contaminated. The hot water is supplied via a combination boiler or a multi-point water heater. The disadvantage of these instantaneous water heaters is their inability to maintain a constant flow of hot water if too many taps are running at the same time.

A particularly efficient system incorporates an unvented cylinder that stores the hot water but is fed from the mains. This is my preferred system and it is cheaper to install than an indirect system. A great advantage is that it provides mains pressure at all taps, so if you get up in the middle of the night dying of thirst you won't have to go downstairs to the kitchen to get a drink, simply stick your head under the cold tap in the bathroom! Another distinct advantage is that there is no plumbing in the loft to freeze during the winter and subsequently flood your house.

KITCHEN SUPPLY

In terms of the supply to your kitchen, the rising main makes its first port of call at the kitchen sink cold tap (that is paramount) and any other appliances that require mains pressure.

TOP TIP If you're planning to fit a new boiler and cylinder, check that the sizes are adequate for meeting the hot-water requirements of your household, including any future expansion in demand, for instance, loft or kitchen extensions, or maybe an *en suite* bathroom.

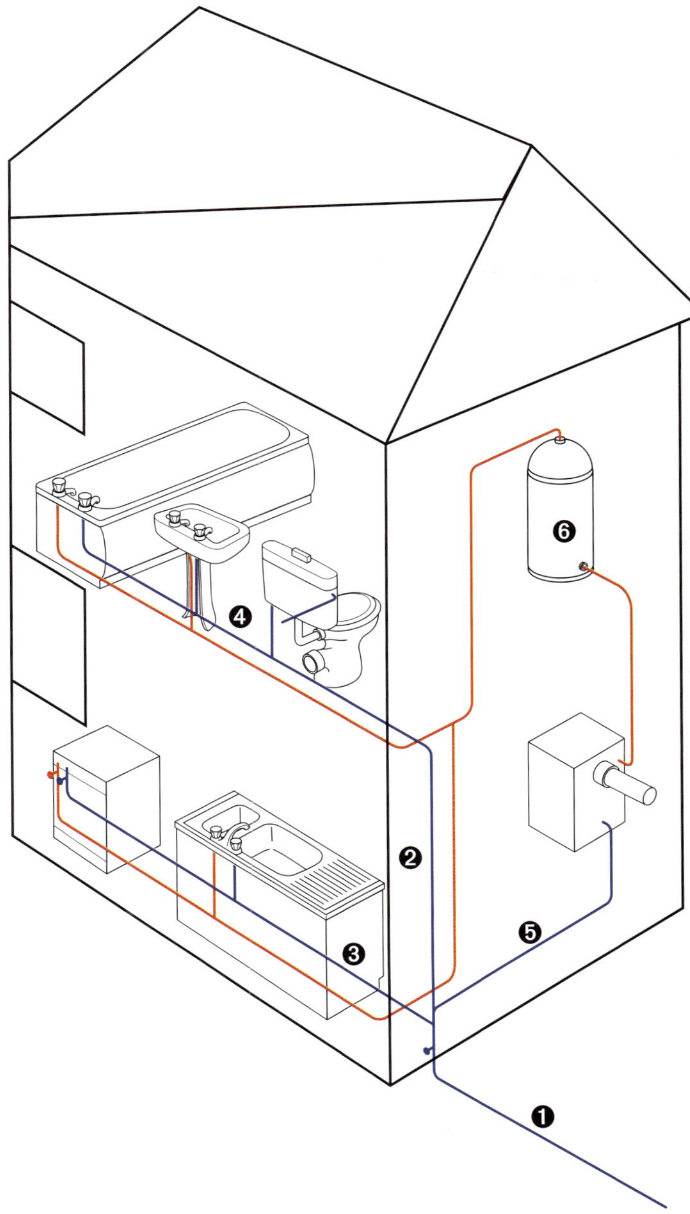

DIRECT WATER SYSTEM

1 service pipe from water company
2 rising main
3 drinking water to kitchen
4 drinking water to bathroom
5 cold feed pipe to to boiler
6 hot-water cylinder

WASTE

WASTE DISCHARGES

Provision must be made to install an efficient waste system to remove all soiled water created by appliances, such as a dishwasher or washing machine. This can be incorporated into the waste system under the sink or via a soil pipe system.

When connecting up waste pipes from various kitchen appliances, including the sink, it is better to create a soil pipe on the outside of the building for all the waste pipes to channel directly into **1**, before the waste discharges into the gully – as opposed to making all the waste connections inside the building (say under the sink) **2**.

A soil pipe is essentially made up of a length of 110mm (4in) plastic waste pipe attached to the outside wall, which discharges directly into the gully. The appliances and kitchen sink all have 40mm (1½in) plastic waste pipes which exit through the wall individually. These then connect to the 100mm (4in) soil pipe via a 100mm (4in) boss. (A boss is a fitting which provides a connection point between pipes), with a 40mm (1½in) reducer insert (a reducer enables pipes of a smaller size to be connected via the reducer and boss to the larger pipe).

What is the purpose of this seemingly elaborate waste system? In simple terms, it allows for a much greater capacity of water to be discharged at the same time. Sometimes, if a dishwasher, washing machine and a sink empty simultaneously, there is a possibility that the normal 40mm (1½inch) waste pipe may not be able to empty the

1 SINGLE-STACK SYSTEM

1 vent
2 soil pipe
3 boss
4 reducer inlet

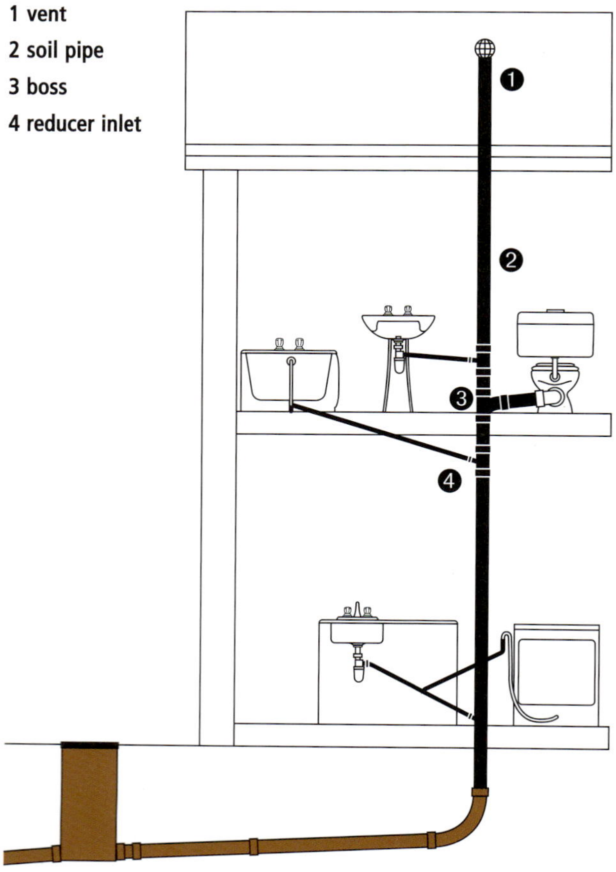

2 TWO-PIPE SYSTEM SYSTEM

1 vent
2 soil pipe
3 boss
4 reducer inlet
5 back-inlet gully

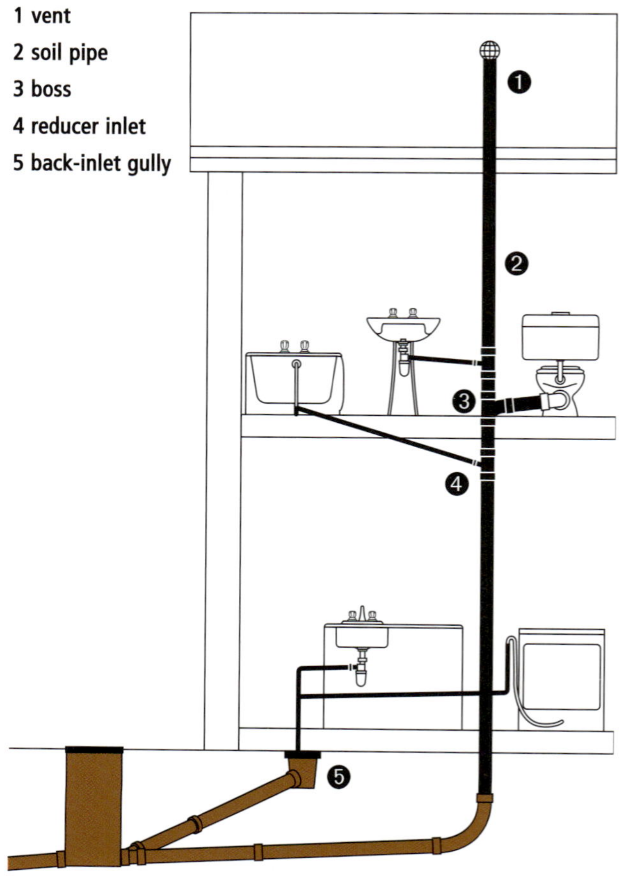

water quickly enough, and foul water may then be siphoned back into one of the appliances. There is also the added bonus that the three waste plumbing connections are on the outside of the building, which reduces the chance of a connection leaking and damaging your newly fitted kitchen.

anti-siphon valves

A bad drain smell inside the house usually indicates that the water in the sink's U-bend has been siphoned out and drain smells are permeating into the kitchen. To solve this, fit an anti-siphon valve to the external waste pipe. This fits at the end of the waste pipe which must be extended into the gully by 50mm (2in) to ensure that the discharged water does not soak into the ground around the drain. An air–admittance valve can also be fitted, which seals off the vent pipe but also allows air into the system to prevent water being siphoned from the traps. This valve, however, must be approved for your system by the local authority building inspector.

TURNING OFF THE WATER

3

4

This may sound like stating the obvious, but turn off the water before you attempt to do any work in the kitchen. Locate the relevant valves and turn them off – there is normally a main stopcock under or near the kitchen sink **3**. On older, unimproved properties, this may be the only valve for the whole system; if so, you will have to turn this off and drain down the whole plumbing system by opening all the taps and flushing the toilet until the tank is empty.

GATE VALVES

You can avoid emptying the tank each time and also keep the cold mains on by fitting gate valves onto both cold feed pipes from the storage tank **4**. This will enable you to leave the cold supply to your kitchen sink on at the same time as isolating the bathroom, thus avoiding having to empty the tank every time. This also means you can retain your fresh drinking water supply while repairs and alterations are carried out.

TOP TIP To restrict the refilling of the tank in the loft temporarily, lay a wooden batten across the top of the tank, and tie the ball valve float to it. With the valve closed, open all the taps to empty the tank. Remember, this is temporary, until you fit a gate valve.

electricity, gas and your kitchen

From a safety point of view, it is common sense to switch off all the power before commencing any work. Nowhere is this advice more valid than in the kitchen, where the combination of gas, water and electricity CAN lead to tragic results.

ELECTRICITY RULES

Before undertaking any electrical alterations in your home, it's essential to understand how it all works.

Electricity supplies reach the house through a company mains cable, which enters the house by means of an underground or overhead armoured power cable. This supplies the current through the meter (which records how much you use) onto the consumer unit. The consumer unit is the box containing all the fuse ways that protect the individual circuits in the house. The main on–off switch is located here, enabling you to isolate the power supply to the whole house. When fitting a new consumer unit, it's advisable to fit one a little larger than required, with some spare (unused) fuse ways for any additional circuits that may be required in the future.

The fuse ratings at the consumer unit for the various power requirements in the kitchen are as follows;

- Lighting circuits 5 or 6 amp,
- Ring main circuits 30 or 32 amp
- Cooker circuits 30, 40 or 45 amp

LIGHTING CIRCUIT

From the consumer unit the cable is fed to a room or series of rooms, normally through the floor and ceiling voids. The circuit cable runs from one lighting point to the next, terminating at the most remote fitting. A switch cable is wired into each lighting point at a ceiling rose or junction box.

For lighting, the switch must be fitted on the flow side of the circuit rather than the return, in order to isolate the power from the light completely. If a switch is fitted to the return cable, it would still break the flow and turn out the light when switched off, but the light fitting would remain live and therefore dangerous.

RING MAINS

The electrical supply to the sockets or appliances, called a ring main, works on the same principle as the lighting circuit. Each floor of a house has a separate ring main and a separate lighting circuit, allowing sections of the power supply to the house to be isolated. This system is practical and efficient, and particularly useful in the kitchen.

A modern kitchen is normally the heaviest drain on the electrical supply. Being able to isolate the power to the kitchen while alterations are carried out is very handy. The power is normally delivered through 2.5mm^2 twin and earth cable, with the live conductor covered in red protective plastic insulation and the neutral in black, with a bare earth conductor in between. All three conductors are encased in a thick white PVC protective outer sheath. Beware, it's not nail or screw proof, so mark out all the cable runs on your wall before fitting to avoid puncturing the cable.

COOKER SUPPLY

The power supply to the cooker must be via a circuit of 6mm^2 or 10mm^2 cable (depending on the cooker capacity and requirements). This circuit is connected directly to the consumer unit with its own 30 or 45 amp fuse.The circuit is controlled at the cooker by a double pole isolating switch. Large cookers up to 18kw must use a 10mm^2 cable, protected by a 40 amp MGB. A fuse must not be used if the cooker control unit incorporates a 13 amp socket.

The rules on gas fitting are extremely strict and rightly so, since they are there for our safety. Any work should only be done by a CORGI registered operative.

kitchen repairs

The kitchen is no different to the rest of the home, maintain it properly and regularly and it could last you a lifetime. It's amazing the difference it can make just changing from taps to a mixer!

leaks in the pipework

Plumbing leaks can be a real nightmare – they're extremely damaging to property, and it's often a very costly exercise to repair the damage caused. Fortunately, most of us only ever encounter problems with the pipework in extreme weather, or when humans have interfered with it.

LEAKING PIPEWORK

There are basically four types of material that have been used for plumbing work. First, there is lead, which was used extensively during Victorian times but was phased out after the Second World War. Lead is no longer used for new pipework, and only repairs to existing lead plumbing are carried out.

Galvanized steel was popular for a time, and took over from lead, but it used to rust from the inside and block the supply. There is also a bad electro-chemical reaction between galvanized steel and copper when connected. By far the most common form of supply pipe today is copper, which is, however, now being superseded by plastic.

TOP TIP If you haven't replaced your lead pipework or rising main yet, let cold water run for a while before drinking it, because water standing in lead pipes may absorb some of the toxins.

DETECTING A LEAK

Not all leaks are caused by hammering a nail through the water main, although that is one of the most common reasons. The other most common and damaging leak occurs in the winter, caused by a sudden drop in temperature which freezes the water in the pipes. As the water freezes it expands, which in turn fractures the pipe. When the temperature rises again the frozen water thaws, resulting in water pouring out from the fractured pipe.

This problem normally occurs in exposed areas of pipework such as the loft, which is why so much damage can be caused, because it runs through every ceiling and floor to get to the ground. This disaster often occurs when the owners are away, leaving the burst pipe possibly running for days and causing immense damage. It's very important to insulate all pipes and tanks efficiently – for a relatively small sum, you can save yourself thousands of pounds and a hell of a lot of grief.

Not all leaks manifest themselves so obviously – there could just be the sound of water dripping, or a damp patch appearing or, more ominously, a swelling or bulge appearing in the ceiling. If this happens to your ceiling, quickly get lots of towels, buckets and pots, and use a screwdriver or something similar to make holes in the ceiling to drain the water through into the buckets. This could save your ceiling, and you can fill the holes with filler when everything's been repaired and dried out.

In cold weather, the outside of a cold-water pipe may show signs of moisture. This is most likely to be condensation, which doesn't require any attention.

REPAIRING COPPER AND LEAD PIPES

If you manage to discover a frozen pipe before it has fractured, you may be able to thaw out the frozen pipe with a hairdryer **1**, working carefully along the affected area. As an alternative, a hot-water bottle **2** could be wrapped around the affected pipe. Make sure that the tap from the frozen pipe is left open during the defrosting process. If the pipe has burst, a repair will need to be made. Lead expands and contracts better than copper. If a small split or pinhole requires temporary repair in a lead pipe, you could try closing it by burring the lead over. A burr is the rough, raised edge that is left on a piece of pipe (or wood, plastic etc) when it has been cut, sheared or broken in any way. Because lead is such a soft material you should be able to gently manipulate it, using a hammer or other blunt instrument, to cover the leak and

1

2

leave the tap from the frozen pipe open during defrosting

stop it for a while. However, this is a very temporary measure, and you must replace the piece of lead with copper or plastic pipework as soon as possible.

With copper pipe it's quite easy to replace a damaged section, but if you have to make a temporary repair, this can be achieved by cutting off a section of your garden hose and, using a craft knife, run a split from end to end **3**. Slip the split hose over the damaged pipe and secure it in place using a few jubilee clips **4**. This should hold temporarily. If the pipe has split but is still frozen, you could fit the garden hose before defrosting to save draining down the whole system.

There are a couple of products designed for temporary repairs; one is an amalgamating tape which works by binding the damaged pipes **5** and the other is epoxy putty. However, I find it a quicker and easier job to replace the damaged pipework or effect one of the above repairs.

If a fitting has been forced off the pipe, the system will have to be drained and the fitting replaced and soldered. If it is a compression fitting, attempt to tighten up the existing one first before replacing it with a new one.

5

3

4

TOMMY'S ADVICE

If the damaged pipes are buried in the wall or concealed under a tiled floor or panelling, this will cause difficulties. Basically, you have to carefully unpick the work in the reverse order that it was fitted to reveal the various stages of concealment, for example, remove the bath panel and systematically trace your way along the pipework until you locate the leak. Once this is exposed, you can make the necessary repairs and reinstate the covering. I know it's stating the obvious, but there is no magic answer to this one!

leaking & dripping taps

Its amazing how many people ignore a leaking tap. I think the reason is because a tap may seem like a difficult job to tackle, but in fact it is a relatively easy repair to make. The sooner the tap is repaired, the less likely it is that any permanent staining to the surface will occur.

REPAIRING TAPS

On a normal tap the leak is probably caused by one of three things:

- Leaking from the spout indicates a washer problem.
- An old tap may be worn out at the seat and will still leak after the washer has been replaced.
- Leaking from the head when running suggests that the O-ring or gland packing requires replacing.

Although the newer ceramic disc taps are supposed to be trouble free, problems can still crop up.

TOP TIP Silicone grease is a useful lubricant that helps to ease stiff washers on or off the tap innards (right). Soak new washers in hot water to make them easier to fit. And always keep a few spares in your fixing kit.

REPLACING A WASHER

Fully open the tap to drain any water before you begin to dismantle the tap. Prise off the tap head cover **1**. The shrouded cover needs to be unscrewed **2** to expose the headgear nut that is directly above the body of the tap **3**. Undo the nut with the spanner and then lift out the complete headgear assembly **4**.

The washer is fixed to the jumper, which fits nicely into the bottom of the headgear. The jumper is either removed with the headgear, or sits inside the tap body, depending on the type of tap. Prise the washer from the jumper using a screwdriver **5**, or undo the retaining nut to release it for replacement. Use penetrating oil to ease the nut if it's stuck – and if the nut won't budge at all, simply replace the jumper and washer. Put the tap back together.

REGRINDING THE SEAT

If you happen to be unlucky and the tap still leaks after you have changed the washer correctly, the tap seat is probably worn. To rectify this, a special reseating tool can be acquired from plumber's merchants to regrind the seat

1

2

3

4

always leave the plug in so bits don't disappear down the hole

flat. Simply remove the headgear and jumper again, then screw the reseating tool into the tap body **6**. Bring the cutter into contact with the tap seat and turn the handle to re-cut the worn seat surface smooth and flat.

CURING A LEAKING GLAND

If the tap leaks from the top, this is probably caused by a leaking gland. The spindle that is screwed up and down by the tap head, to turn the water on and off, passes through a gland (also known as a stuffing box). This is located on top of the headgear assembly. In order to prevent water leaking past the spindle during operation, watertight packing is forced into the gland. The tell-tale signs of this gland packing failing is water leaking from under the head.

Although you don't have to turn off the water supply to change the gland packing – just ensure the tap is fully turned off – it's better to be safe than sorry. For this job, you need the tools listed on page 18.

Undo the locking screw which is under the plastic or ceramic cap or at the side. Tap the head from underneath with a piece of wood to loosen it from the spindle. With the head and cover off, you can tighten the gland nut to see if that will seal the leak **7**. If that doesn't work, undo the gland nut and remove the old packing with a bradawl or a fine-tipped screwdriver. The correct packing replacement is a special fibre string stocked by plumber's merchants; wind this around the spindle and pack it down

5

6

7

8

9

10

into the gland **8**. Alternatively, you can use PTFE tape twisted into string. Replace the gland nut.

REPAIRING A CERAMIC DISC TAP

Ceramic disc taps are supposed to be maintenance-free – if only life were that simple! If you have a problem with a ceramic disc tap, such as a build-up of limescale **9**, dismantle it for a quick inspection. Undo the headgear from the tap body by turning it anticlockwise. If there's any muck on the ceramic discs, clean it off and refit. If the tap still leaks, undo and check the rubber seal on the base of the cartridge – if the seal is torn or damaged, this will cause the tap to leak, so replace it **10**.

If the tap is still leaking, visit the plumber's merchants, taking the components with you. They're 'handed' – cold is right, hot is left – so you must get the correct components for each tap. Remember to keep the plug in the plug hole while you work – you don't want to lose any bits.

clearing blockages

I don't know what it is about the kitchen sink, whether it's the shape, or colour, but I think my kids mistake it for the bin. They stack everything in the sink, and it all has to be emptied and cleared off properly to avoid that awful job of unblocking the sink!

SINKS, DISHWASHERS AND WASHING MACHINES

SINK BLOCKAGES

The most common cause of blockage in the kitchen sink occurs when people, either ignorantly or accidentally, pour fat down the plug hole. When hot fat goes cold it solidifies and blocks up the waste system, which often happens when it hits the cold water in the bend or gully.

Prevention is better than cure, and the obvious solution is to avoid pouring any fat down the sink! I find it useful to keep an open empty food can to pour hot fat into, disposing of it in the normal household refuse once it has solidified. It's also a good idea to clean the waste system regularly with bleach or some other proprietary cleaner, to help prevent gradual build-up turning into something more serious. Just pour it down the plug hole, leave it for a while and then rinse.

If a partial blockage does occur, however, attempt to clear it first with a chemical cleaner, making sure you follow the manufacturer's instructions carefully. Wear gloves and

1

2

3

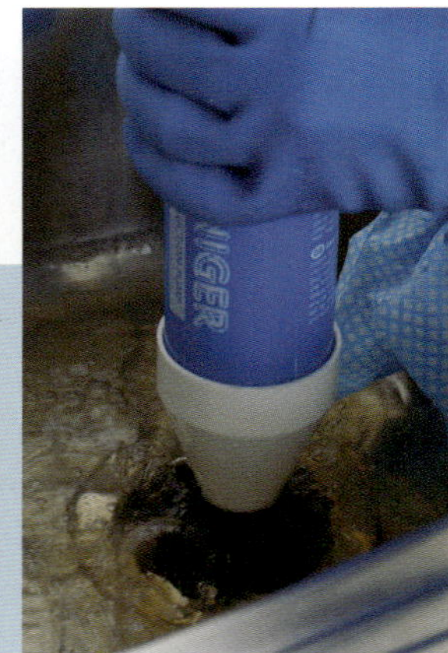
4

goggles for safety. The next stage, if the blockage persists, is to try the old standby: the plunger. Block the overflow with a damp cloth and position the plunger over the plug hole **1**. Ensure the rubber cup part of the plunger is submerged in water, then pump up and down to clear. If the blockage clears, tip a spoonful of chemical cleaner down the kitchen waste **2**, follow with a jug of hot water **3**, leave for 30 minutes, then run cold water through to rinse. Another useful tool is a pump. Place it over the plug hole and push the handle down to produce a vacuum, pull it up sharply and the water should drain away **4**.

If the blockage stubbornly persists, the waste trap under the sink will have to be uncoupled and cleared **5**. Remember to put the plug in the plug hole while rinsing out the trap. Place a bowl or bucket in position under the waste to catch the trap contents **6**. The U-bend trap is where the blockage normally occurs. If you have a bottle trap you can access the trap through the cleaning eye or

5

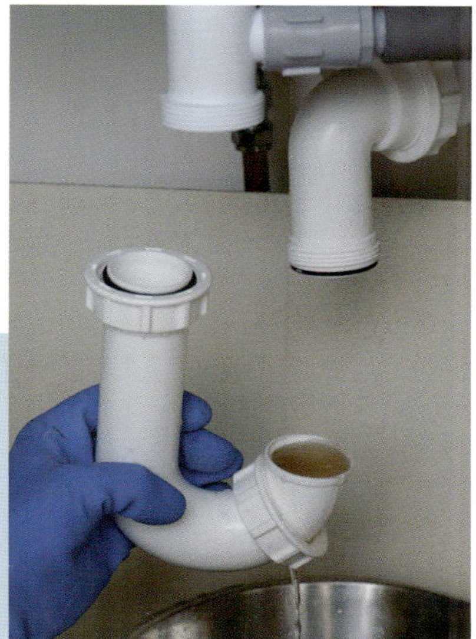

6

unscrew the base. If there is no access point, you will need to use a wrench to unscrew the whole trap. Clear out any solids and clean thoroughly. Check that the waste pipe, which runs from the trap and through the wall, is also clear of blockages before connecting up the waste system. Again, you should find an in-built access point for the pipe.

TOP TIP Wire coat hangers make useful prodders and pullers for clearing blocked pipes. Unravel the coat hanger to create a long rigid prodder, or shape a hook on the end to form a puller.

An auger may also be the only way to clear a blockage if there aren't any access rodding eyes in the waste-pipe line. To do this means removing the waste trap with a spanner and clearing the blockage with an auger from the sink waste-pipe end **7**.

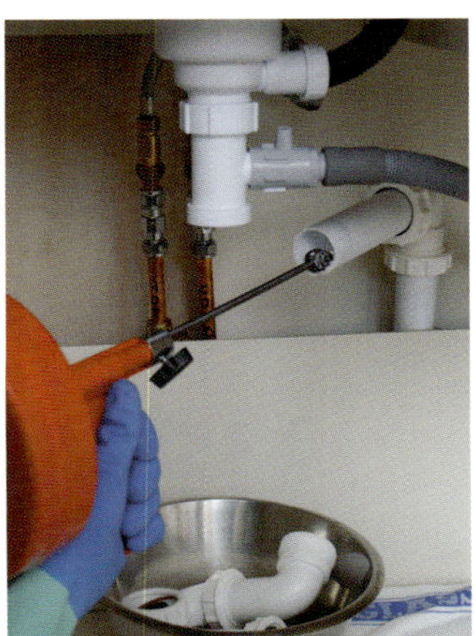

7

If the sink is still blocked, the problem may be in the external pipes leading to the outside drain. Modern external waste pipes should have rodding eyes attached, allowing access for clearing blockages. The last place a blockage can occur, other than the underground drains, is in the external gully, and this becomes obvious when the gully overflows. The outside gully is always a mucky job to clear, so wear gloves for protection. A handy tip to clear a gully is to put your hand into a plastic rubbish bag, reach into the gully, grab the obstruction and, as you withdraw your arm, fold the bag around the obstruction, ready for disposal. For hygienic, non-smelling and easy-running drains, I would recommend pouring some Jeyes Fluid into the gully occasionally.

If the problem is in the underground drain it is not necessarily your responsibility, and you will need to phone your water company.

If after trying all these methods, the blockage still persists, you may have to hire an auger to deal with it. Use gloves, goggles, and follow the instructions.

WASHING MACHINE BLOCKAGES

These normally occur when people push the washing machine into a tight aperture in a fitted kitchen and do not allow enough space for the plumbing either side and behind the machine. As a result, the outlet hose can get squeezed and pinched, causing a partial or complete blockage, which will flood sooner or later.

TOP TIP I can't claim the credit for this: my Art Director Ruth suggests having a wet and dry vacuum cleaner, which is very useful in flood disasters (sounds like good advice to me)!

DISHWASHER BLOCKAGES

Dishwashers need to be cleaned regularly with a dishwasher cleaner, and foodstuffs should be rinsed off plates and cutlery before stacking in the dishwasher. Clear the filter daily to avoid build-up in the waste system, which may cause a flood.

renovating your kitchen

All too often when we want to do up an old kitchen, our first instinct is to rip it out and replace it with a completely new one. If the original kitchen is cheap and of poor quality, renovating it would be a waste of money. However, if it is a good-quality kitchen that's just looking slightly jaded or out of fashion, by giving it a facelift you can often transform it completely.

JOBS TO BE DONE/WALLS

In renovations, as with complete refits, it is vitally important to plan the job well, working out how much or how little you are willing and able to do, how long it will take, the work involved and how much it will cost.

It is enormously satisfying renovating things; for instance, re-spraying an old car, can re-ignite the affection you once had for it!

CLEANING

A simple intensive cleaning of the kitchen can work wonders! Walls, ceilings, and general woodwork can be washed down with a solution of sugar soap and water **1**, which will leave the surface clean, free from grease and ready for redecoration if that's your plan.

This is a good time to replace any handles (see page 33) or tighten up any screws. Also to realign any doors with the adjustment in the hinges (see page 32).

REMOVING DAMAGED TILES

If you have a broken or damaged tile, do not despair! If you kept the half-box you over-ordered stored in the back of the shed, this is an easy problem to solve.

The first thing to do is remove the grouting with a grout raker **2**, (a tool available from tool shops, or you could fashion a homemade version) from around the tile or tiles you intend to replace. Next, weaken the tile further by drilling a sequence of holes near the centre of the tile with an electric drill and masonry bit **3**. Make sure that you only drill through the tile and avoid damaging the wall behind, and be careful not to damage surrounding tiles. Using a hammer and small sharp cold chisel, carefully break out the tile, working from the weakened centre to the outside edges – it's even worth taking the time to sharpen the cold chisel on a grinder before you start.

Next, using a sharp bolster chisel or scraper, remove any old adhesive, brush off any dust, and you're ready to fix the replacement tile. Butter a bed of adhesive onto the back of the tile **4** and press into position, making sure the tile doesn't sit proud of the surrounding tiles. Insert tile spacers, or pieces of packing, clean off any excess adhesive, and leave the adhesive to set before grouting.

TOP SAFETY TIP Flying ceramic slivers can blind or cut you very easily, so remember to wear goggles and gloves for this task.

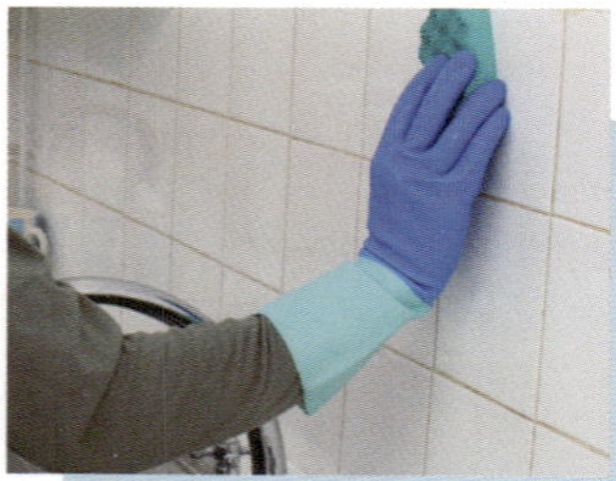

1

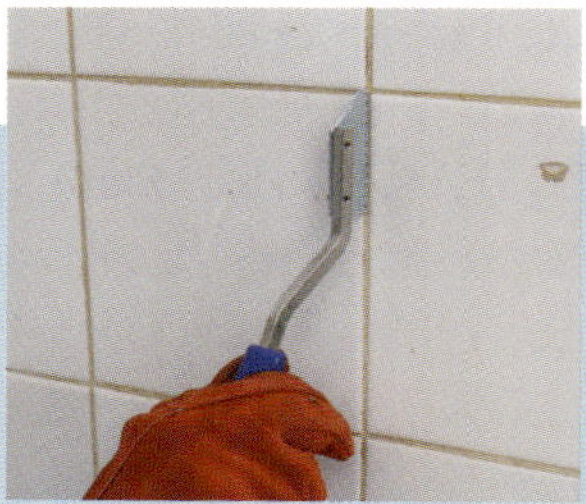

2

3

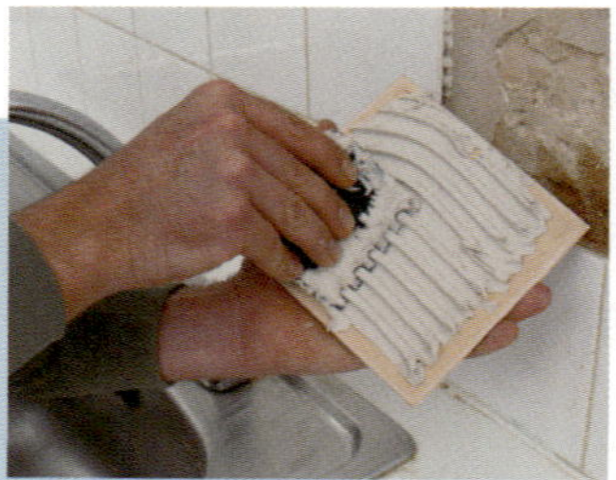

4

5

6

8

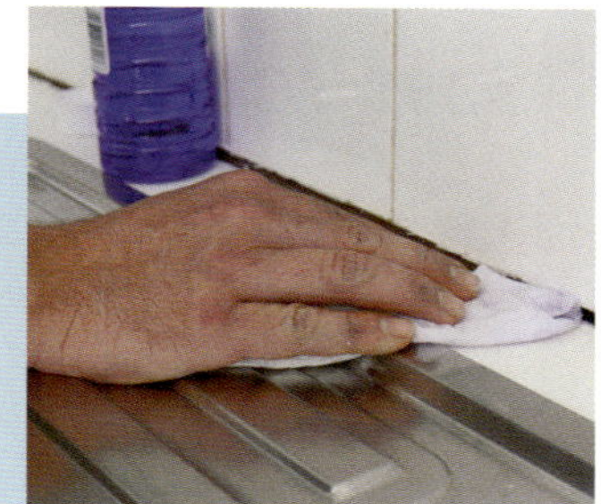
9

REGROUTING

After washing down tiled splashbacks you may find the grouting keeps its dirty appearance, spoiling the overall look of the tiles. If you haven't the heart for regrouting there are many products on the market to whiten up tired grout **5**, however regrouting is an easy enough job and you'll find it performs an amazing transformation. Scrape away the old grout with a grout raker, then brush out the joints and vacuum if necessary to remove every last bit of old grout. Apply ready-mixed or mixed grout to the tile surface, using a tiler's rubber float to press the grout right into the joints **6**. Wipe the grout off with a damp sponge before it sets. When the grout has set, run something smooth, such as a plastic pen cover, over the joints to compress and shape them.

7

When the grout has dried, polish the tiles using a soft, dry cloth. Once regrouted, and if the tiling still looks too plain, you could paint the tiles, using a special tile paint, or alternatively apply tile transfers.

When painting tiles, first sand down the surface to provide a key, using medium-coarse sand paper, and wash down. Apply tile primer to the surface, which must be allowed to dry before applying the special tile paint **7**.

REMOVING AND REAPPLYING SEALANT

From time to time the silicone flexible seals may need to be replaced – a dark line between the silicone sealant and the wall or surface indicates loss of adhesion. The sealant can be removed by being picked and slowly pulled off in one, like a long piece of spaghetti. Otherwise, use a craft knife to carefully cut along the mastic and surface to break the seal fully **8** and peel it off. Clean the two surfaces thoroughly in preparation for the new sealant, making sure that both surfaces are free from dirt and grease and are bone-dry before you apply the silicone mastic. It is imperative that the correct type of mastic is used in all applications. There are many different types on the market, but always use a good-quality one.

TOP TIP Rub the surfaces that are to receive the mastic with a cloth soaked in methylated spirit 9. This will ensure cleanliness and better adhesion. After applying the methylated spirit, dry both surfaces thoroughly and leave for an hour or so before applying the new silicone.

Always start from a corner or end of a unit run. Point the nozzle into the corner. Hold the gun steady and squeeze the trigger while moving the gun away from the corner. Keep a bowl filled with half water, half washing-up liquid handy; dip your fingers into the bowl and wipe over the bead to give a smooth finish **10** along the length of the joint. Or you can dip the handle of a spoon or fork into the finger bowl and run this along the joint to shape it. Be patient it won't fully cure for at least 24 hours.

10

JOBS TO BE DONE/WORKTOPS

REPLACING

1

2

Do I replace the old worktop with a new one? If yours is an ordinary standard work top **1** it's not too difficult to change it, providing you follow a few simple rules; the resulting transformation is quite something **2**. First, measure the thickness of the existing worktop, and ensure the replacement is the same thickness. Remove any appliances in contact with the worktop: sinks, hobs, and ovens, washing machines, dishwashers and tumble dryers. This will allow the fixing screws from underneath to be removed, and while the appliances are out of position, presents a great opportunity to give them a really good clean, and do any repairs. Remember the 'golden rules': turn off the power, the gas, and the water at the mains during removal of the appliances, and call in a CORGI-registered gas fitter to reinstall any gas appliances!

The back edge of the worktop, will have a silicone seal, between the tiles and worktop. This seal needs to be carefully cut through with a craft knife to release the worktop (see page 27). Any grout between the tiles and worktop should be removed with a grout raker (see page 27), this will enable the worktop to be lifted and pulled out. Placed on top of the new one, the old worktop can be used as an accurate template for marking out. Once cut to length, put the new worktop into position. The drill bit size should be approx 12mm (½in) and the jigsaw blade should be new, designed for cutting laminate worktops. Drill a hole in the four corners marked for the new sink and or hob, this will allow easy insertion, and turning of the jigsaw when cutting out the shape. Make sure the cut out is supported with clamps or something similar, to avoid it falling, causing breakout to the new worktop (see page 72).

Screw the new worktop into place using the old screw positions, and pop the sink back into position, using the retainer clips. Reattach the waste and taps, turn the water back on and test it.

This is a great opportunity to fit a new sink, (see page 80). Don't forget, whether you refit the old sink, or fit a new sink, a waterproof seal, using silicone mastic, or the purpose-made seal supplied with a new sink must be applied, and the sink tightened down onto it. Apply a waterproof mastic seal to the joint between the worktop and tiles, and connect all the nice clean appliances back into position, (remember to use a CORGI-registered engineer to reconnect any gas appliances).

REPAIRING

Does the worktop have to be replaced? No, indeed not! There are various repairs and alterations you can make, which can hide a multitude of sins!

3

4

5

6

7

repairing wooden worktops

Wooden worktops are popular, and fairly easy to repair. These worktops need occasional re-oiling, (a bit like me!) Spillages allowed to soak into or stain the wood, also digs and bruises, may need localized repairs. Sand down the affected area **3**.This is best done with an electrical sander, but be careful not to create a shallow dish in the worktop when sanding! Wipe off the dust, and apply a little oil **4**, you may need to do this two or three times.

its enormously satisfying renovating your kitchen

repairing laminate worktops

This is not easy! I don't mean making the repair, but it nearly always remains visible. Cut away around the broken piece and tidy it up **5**. Cut a new piece out of spare laminate edging (this can be bought at any kitchen supplier) and glue it into place using a contact adhesive **6** (follow the instructions on the adhesive). Once the repair has dried off, trim off any surplus **7**. If you still have the broken piece of laminate, it can be stuck back with adhesive as before. When it has dried, rub your fingers across it, if its slightly raised, you could try rubbing a very fine sandpaper gingerly over the repair, to help disguise it. Be very careful not to rub down too much, or the brown backing material will start to show a black edge to the repair, so it's a case of 'suck and see'!

In the case of scratched laminate; you must carefully clean the affected areas, then paint along the groove with an oil-based paint **8**, matching the colour as closely as possible, and recoating as many times as necessary to fill the groove. Wipe away the excess while it is wet, or wait until thoroughly dry (48 hours) and, using the finest sandpaper, carefully rub off the excess, leaving the scratch filled in. On a patterned surface, use a paint that matches the darkest colour in the pattern to effect the repair **9**.

8

9

putting on a new front edge/lipping

If considerable damage has occurred to the front edge of the worktop, rather than replace the worktop, it is better to cut off the damaged edge and replace it with a hardwood lipping (shaped or plain moulding). **10** Prepare the front edge lipping BEFORE fixing to the worktop.

10

1

2

3

4

RENOVATING

Is it possible to tile over the top of a damaged worktop? There are some issues to consider beforehand. Tiles, with the joints, create an irregular surface, glasses and cups tip over more easily than on a regular worktop and can easily be chipped. There is also the danger of breaking the tiles if something heavy falls from the cupboard above. Keeping the worktop clean and hygienic is another important issue. It may seem that I'm not the greatest fan of tiled worktops, but I have had tiled worktops twice and know they can look attractive in the right setting. However, are they suitable for a busy family kitchen?

Sinks and hobs need to be disconnected, and reconnected to do the work, though you shouldn't have to alter the connections. The tiles should be fitted underneath the edge of the appliance, with a silicone waterproof seal applied to both the hob and sink when re-fitting.

tiling a worktop

The first job is to clean the surface thoroughly. Fix the selected moulding or lipping to the front edge of the worktop (see previous page) ensuring the lipping is large enough to cover the depth of the worktop, plus tiles and adhesive. Paint or stain and varnish the lipping.

It is best to choose smallish tiles, which are less likely to break easily and make for a more attractive surface. Lay the tiles out dry (without adhesive) position any pattern you like, and keep any cuts to the wall side of the worktop. There are two schools of thought regarding whether or not it is necessary, to scratch up the surface, say with a coarse paper in an electrical sander or cuts with a craft knife **1**, to form a key for the adhesive. I would say do it, because it can only help.

Apply the adhesive to the surface with a notched trowel to cover an area of 1–2m (3–6ft) at a time. Lay the tiles into the adhesive bed with a little twist to make full contact with the adhesive, but keep them straight and in line **2**. Work from the front edge back, cutting in tiles to fit if necessary. Use the tile spacers between the tiles to keep the joints uniform and allow to set. Cutting the tiles is carried out the same way as wall tiling, but it will be easier to make all the cuts at the same time.

Leave for 24 hours to allow the adhesive to harden, before grouting the tiles (if you want to remove spacers, this must be done before the adhesive fully sets). The spacers are usually 3mm (⅛in) thick and the tiles are 6mm (¼in), so the spacers can remain in place and be grouted over. The grouting mix should be flexible and fully waterproof; grey is probably the best colour to use, as it doesn't discolour and look dirty as quickly as white does. Spread the grout over the surface, and work it into the joints using a rubber grouting float **3**. Take your time, and work small areas at a time. Clean off the excess grout with a sponge and clean water **4**, regularly changing the water.

Like the pointing on brickwork, tile grouting provides the quality finish, particularly on a work surface. To achieve this finish you will need to 'tool' the grouting joints as the grout hardens, by pressing down and smoothing along the grout with a jointing tool. The grouted joints require a smooth finish to prevent foodstuffs, dirt and grime clogging them up, and becoming unhygienic and difficult to clean. You can buy special jointing tools, but it's very easy to make or adapt your own. Once the joints are formed, polish up the tiles with a dry cloth. The final task is to reapply new silicone mastic all around, to seal the worktop which is covered on page 75.

JOBS TO BE DONE/UNIT REPAIRS

OVERHAULING DRAWERS

There are many ways drawers can cause you problems.

- **Handles coming loose**
- **Handles falling off**
- **Handles breaking**
- **The drawer front rubbing on the drawer or door below**
- **The drawer rubbing on the underside of the worktop**
- **The drawer sticking or jumping on the runners**
- **The drawer front separating from the drawer**
- **The drawer falling apart**

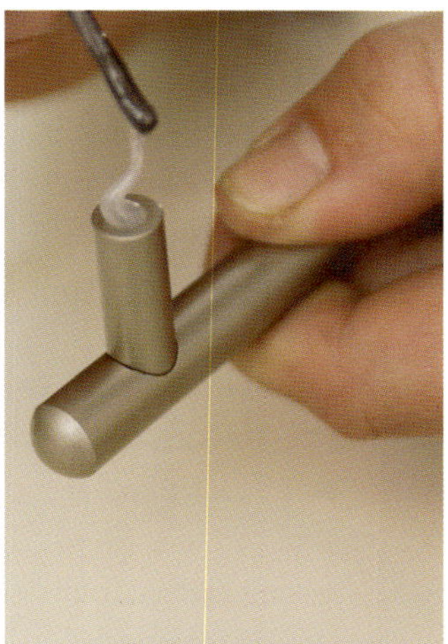

5

handle problems

If the handles are constantly coming loose, I find this is generally more of a problem for knobs fixed with a single screw bolt, than a handle that has two. Try undoing the handle, squeeze a bit of glue into the receiving thread hole in the back of the handle **5**, screw it back on tight and leave it to dry. Wipe off any excess glue immediately!

drawer front problems

When the drawer front rubs on the worktop above or door below, but glides in and out on the runner okay, first unhook the drawer and lift it out of the runner.Check that all the fixing screws for the runners are in place and tight. If so, the drawer front will need to be repositioned onto the drawer itself. Release the screws holding the drawer front in place **6**, add some PVA adhesive (wood glue) to the back of the drawer front **7**, reposition it either up or down onto the drawer and clamp **8**. The same screw holes in the drawer unit can be reused, provided the fixing holes on the drawer front are filled. (Fill with wooden slivers and PVA glue, allow to dry and cut off excess wooden slivers). Larger screws ensure a better fixing. New fixing holes can be drilled out, and the old ones filled in. Alternatively, squeeze some glue (araldite or similar) into the old fixing holes **9**, leave for fifteen minutes for the glue to harden a bit, then put the screws back.

drawer falling apart

Early mass-produced kitchen units had really naff drawers, particularly flat-pack kitchens. Today's kitchen units are generally fitted with very good drawer mechanisms. If your drawers are dilapidated, it's very easy to make your own new boxes, either by purchasing the new box kits

6

7

8

9

1

2

and runners from a kitchen retailer or DIY store, or any specialist hardware supplier. Alternatively, make the boxes from 12mm (½in) MDF, glued and screwed to form a box, using the old drawer boxes as your pattern guide. Fix new runners to the unit carcasses, measuring and marking the runner positions with a set square. Clamp the runner into place, so freeing both hands to make any final adjustments before drilling small, shallow pilot holes for the fixing screws. Fix the old drawer fronts onto the new boxes, and pop the drawers into the new runners. Is all this good value? As far as I'm concerned its an open and shut case!

DOOR HINGES

It's rare that kitchen door hinges wear out, though they can bend or break in the event of an accident. Replacements are readily available from DIY and hardware outlets. The most common hinge used for fitted kitchens is the plumb hinge, which is a special spring-loaded hinge designed for easy opening and closing of the doors.

If the doors are out of alignment, it is easy to correct this simply with a screwdriver. On the plumb hinge you have the ability to adjust the door up and down, to the right or left, or in and out from the unit (see page 90). With a bit of practice you'll pick up the knack quickly. It's very common for doors to drop out of alignment, but it's normally fairly gradual, so not noticeable unless focused on!

If the hinge plate fixings are no longer gripping in the unit carcass, or the door part of the hinge has become loose in its position, instead of replacing the door or unit, simply replace and reposition a new hinge.

Unscrew the door, remove the hinge mechanism from the door, and the hinge plate from the unit carcass. Mark out for the new hinge **1**, close to the old position of the hinge on the back of the door. Not too close – leave enough space for the hinge recess, say 25mm (1in).

A new hole will have to be cut into the back of the door to house the new hinge. Hinge cutter bits are available from all DIY and hardware stores. Mark the centre point of the new hinge position, and using the hinge cutter in the end of an ordinary electric drill cut out the hole **2**.

Make sure you drill the hole to the same depth as the new hinge, just go steady and keep checking, using the hinge. Fix the hinge into its new position securing it with the two small anchor screws. Offer the door into position and mark the new hinge position onto the unit carcass, then pilot drill out the fixing positions for the hinge plate and secure with hinge plate screws **3**. Before hanging the door, use either a jigsaw or hole-saw to cut a round piece of MDF or plywood about 9mm (¼in) thick (it can be thicker, it just means more rubbing down), to fit in the old hinge hole. Apply PVA adhesive around and inside the hole, then pop in the blanking piece **4**, leave it to dry, rub down, and either paint, stain or varnish it to match. Finally, hang the door onto the hinge plates, and adjust it to align with the other doors.

3

4

anyone can manage these DIY tasks, even my granny

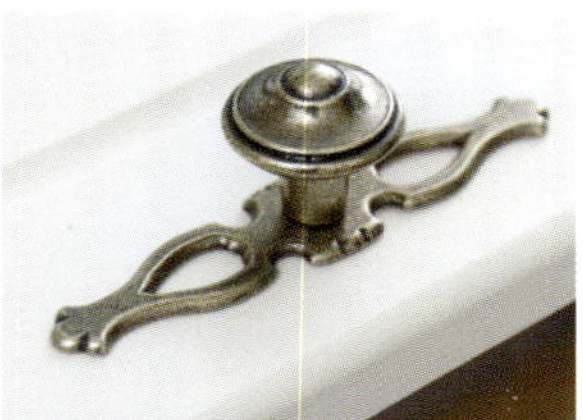
5

6

CHANGING KNOBS

Anybody can manage this DIY task, even my granny. You might want to change from a traditional style **5** to a more modern style **6**. Open the door, and hold the knob firmly in your hand, and unscrew it from the back. With the door knob off, clean the door thoroughly before fitting the new knob. Next, position the new knob in place, and simply tighten the screw!

CHANGING KNOBS FOR HANDLES

Changing knobs for handles is a little more tricky. Use a combination square to accurately mark and position the second hole for the handle.

Drill a hole fractionally larger than the bolt screw and cramp a block of wood to the back of the door for the drill to go into **7**; this prevents any breakout on the door finish. Now simply fit the new handle **8**.

7

8

Changing a knob to a handle on a drawer is not quite so simple because you will be left with a hole in the middle. There are various ways to address this problem. A sliver of wood can be glued into the hole, left to dry, and the excess cut off. Then carefully sand it down, and either repaint or stain it (before the new handle is fitted, obviously). As an alternative, plug the hole with cabinet makers' wax. Or, if you are going to paint the drawer front anyway, simply fill with filler **9**, sand and paint.

9

OTHER CHANGES/PAINTING

The most dramatic change you can make to an old kitchen is to paint it. Whether it is wood or laminate, it makes no difference. There are several special door paints available on the market today, and changing the door knobs to handles, can create a brand new kitchen for a fraction of the price and the minimum of upheaval! If the doors and

1

2

3

4

5

6

drawer fronts are made from wood, traditional oil-based paints, stains and or varnish can be used. You only need to paint the outside of the cabinets, as the interior laminate can remain the same. If you are painting laminate units, you must use a special laminate paint. It would be wise to research this properly and test samples on the back of one of the doors, to obtain a satisfactory finish and colour first.

CHANGING DOORS

If you don't want the hassle of painting and prefer a speedier method to change the look of your kitchen, new doors and drawer fronts might be the solution. The fitting process is covered in pages 90–91.

If you have plain or old-fashioned kitchen doors **1**, and you fancy a kitchen with more ornamentation, or a colour contrasting scheme, use panels and mouldings from a sub-strata sheet such as plywood or MDF. Glued and pinned to the existing doors, these will transform the kitchen.

To start this process, first take off the handles, and remove and wash down the doors and drawer fronts with detergent. It wouldn't hurt at this stage to run a fine grade sandpaper over the surface of the doors and drawers with an electrical sander. Using a combination square, carefully mark out in pencil the position of the moulding or panel **2**, bearing in mind that the spacing all around should be parallel with the edge of the door. When you come to the drawer fronts, they should reflect the same parallel line vertically left and right, continuing the vertical lines up from the door. The horizontal lines on the drawer front can be reduced to create a panel in proportion!

Once all the doors and drawers are marked, cut the moulding or panelling to size, and position it in place to check it's perfect. A panel should be cut using a jigsaw, with a blade designed for the material you're cutting **3**. If your choice is mouldings, these should be cut using a mitre saw – either a hand or electrical version.

When using a jigsaw, always have a few spare blades available, and drill holes in the sheet material at the corners or around awkward shapes, which will enable the jigsaw to turn easily when cutting out the shape.

It's at this point that I recommend sanding down the mouldings (if made from wood) or the panel edges by hand **4**. Once you are satisfied with the first panel, or set of mouldings, this should become your template for all the rest, which can all be cut at the same time.

Fixing can be made with a contact adhesive such as Evostik, or one of the new multipurpose adhesives like Grip Fill or Liquid Nails, provided the door surface has been sanded to create a key for the adhesive.

It may be necessary to move the position of the handles (see page 33). Panels to be painted a different colour to the rest of the door may be painted before fixing, or *in situ* **5**.

You just might not recognize your old kitchen when you're finished! **6**

kitchen planning

As ever, planning is the most crucial element of any task. This is where you can save time, money, and great heartache, this is definitely a case where 'the pen is mightier than the saw!'

kitchen styles & layout

To start with a quick definition, fitted or built-in kitchens are those where the pieces of furniture – the cupboards, drawers, sink, cooker and other appliances – are fixed in place and integrated with each other to give the impression that they are built into the room, and to provide an efficient use of space.

FITTED VS FREE-STANDING KITCHENS

Given the fact that most of us, particularly city dwellers, are having to get used to living with less space, the attractions of a fitted kitchen are obvious. With a fitted kitchen, you get an unified look, and with the current ranges of worktops, doors, drawers and fittings, the possibilities for setting your own style are far greater than they used to be.

There are drawbacks, however, with fitted kitchens: it is hard work and expensive to change the units and makes for more disruption in the house, and it can be difficult to work on fitted appliances, particularly if the washing machine or dishwasher floods.

FITTED KITCHENS

The art of a successful working kitchen is to incorporate the work triangle wherever possible (see page 50). I've been in, and fitted, many tiny kitchens which have worked far more successfully than some very large kitchens. There's absolutely no need to fill a large room with units – not only is it aesthetically displeasing, it's expensive, and you end up with either lots of empty cupboards or cupboards full up with junk, turning you into a hoarder!

When selecting your fitted kitchen, choose carefully, because the quality of most fitted kitchens has improved tremendously in recent years **1**. Gone are the days of lightly compressed 12mm (½in) chipboard carcasses, where the screws fall out or big chunks of the laminate break out. Now carcasses are a thicker 15 or 18mm (⅝ or ¾in) tightly compressed chipboard, or even better, moisture-resistant laminated MDF, held together with special purpose-made fixings, all on adjustable legs for easy levelling.

Now here's a controversial statement: there is not a huge difference between the fitted kitchen you buy for £2,000 and the kitchen you buy for £10,000. Before you lynch me, let me qualify that statement: most carcasses of mass-produced kitchens are the same or similar, and it's the doors and the pretty decorative bits you'll be paying more for. Even kitchens at the bottom end of the market have adjustable legs, and purpose-made fixings. After all, what you're doing really is buying a load of boxes **2**, and sticking them on and against the wall! What I'm trying to say is that the add-ons are expensive, so effectively you could fit a cheaper range of units, and have your own granite tops made, thereby creating a good-quality kitchen for much less money.

FREE-STANDING KITCHENS

Here, each of the units is separate and is not fixed to the wall or floor, allowing it to be moved independently **3**. The advantages of a free-standing kitchen are that you can change each piece as required without having to dismantle everything, and that you can move each piece away from disasters like floods. The old-fashioned country kitchen relies entirely on free-standing units, and if you inherit a nice Welsh dresser you can make room for it in a free-standing kitchen.

The disadvantages are that the kitchen can look and feel cluttered if you have too many bits of furniture in it, and the potential hotch-potch of styles can be a visual nightmare. It's also easier for scraps of food to disappear under free-standing units, and it's not always easy to clean under and around them effectively.

1

2

3

COMBINATION KITCHENS

One style I like is a type of free-standing kitchen that incorporates groups of units with worktops and some wall cabinets, complemented by large free-standing appliances like the large American larder fridge-freezers, and an Aga-style cooker **1**. In an ideal world the washing machine and tumble dryer are packed away in the utility room, but alternatively you could try fitting them as a stack unit and conceal them in a vented cupboard, under the stairs for example, or perhaps in a disused larder.

MIXING STYLES

Mixing rustic and modern styles is quite tricky to pull off successfully. I always associate rustic kitchens with wood and tiles with lots of china on display: something classic like old pine or oak with warm terracotta and creamy yellow walls, and terracotta tiles for the floor **2**.

1

2

3

4

The modern kitchen I picture as minimalist, with straight, clean, unfussy lines, using stainless steel **3**, glass and granite. The colours are bright and clean, and the whole kitchen has a spacious, clinical feel.

The classic rustic-style kitchen is achievable in either fully fitted, combination or free-standing forms, but the modern kitchen only works fully fitted, simply because it it a victim of its own title – 'modern' depicts a sharp, clean-cut, efficient use of space, using the latest in design and materials, with well organized space for storage.

ISLANDS

An increasingly popular option is the island. Normally positioned centrally in the kitchen, this can be anything from a simple food preparation surface with cupboards underneath, to a central sink or even a cooker built into units **4**. If well-designed, an island enables you to talk to your family and friends facing them, as opposed to traditionally facing away from everyone towards the wall when you're trying to talk.

PANTRIES

If you are lucky enough to have a larder or pantry in your house, you'll be pleased to know that they're making a comeback – in fact, people are now building them back into their properties. Traditionally, larders or pantries were small brick-built rooms adjacent to an outside wall, with permanent air vents covered with a fine copper mesh. Vents made out of the same mesh were also fitted in the doors, both to keep out bugs and to allow the air to flow through and keep the temperature as low as possible. This was before fridges became common, and the system worked well, because you could walk into the larder with its narrow shelves and select what you required from all around you. With a modular fitted kitchen, quite often you have to move half a dozen things before you get to what you want.

Modern larders can be built as part of a modern integrated kitchen, whether a modular type or a free-standing kitchen, which just goes to show that a lot of what are perceived as contemporary modern ideas are merely redesigned, repackaged old ones.

WORKTOPS

1

2

3

GRANITE AND OTHER NATURAL STONE

When it comes to worktops, there is one type that really does it for me, and that's granite. It's very hard and impervious to water and because it is impermeable, germs cannot accumulate. It can be expensive, but demand has brought the price down considerably. If you knock over one of your lovely cut crystal glasses, you can probably kiss it goodbye, but to my mind the benefits far outweigh any negatives there may be. The surface can have capillary grooves machined into it by the supplier to form a natural drainer by a sink; an underslung sink or even a large butler sink can be fitted; and chopping boards are unnecessary, as food can be prepared anywhere on the surface.

Various granites from all around the world are available, the majority being darker shades, which I think is great for colour-contrasting with cabinets and rooms **1**. The only issue to bear in mind with granite is that it is a heavy material and may require extra support. There are various other types of natural stone available for worktops, such as slate, marble and limestone, but these materials will mark or scratch because kitchen surfaces receive enormous wear.

HARDWOODS

Various hardwoods are available for work surfaces **2**. Wood is a warm and forgiving surface for your best china (and crystal glasses). A popular timber for this purpose is beech, which is cut into strips and bonded together to make worktops. You must always oil the surface before use.

LAMINATE

Laminate is as hard as nails, fairly inexpensive, easy to fit, practical to clean, and extremely good hygiene-wise. Made by bonding a compressed sandwich of layers of resin-impregnated paper onto chipboard, this material is available in a host of colours, surface designs and textures, including wood, stone and marble effects. Again, it is fairly forgiving to your good china and crystalware.

TILES

There was a period when tiled work surfaces were very much the fashion, but from a practical point of view, they can be a problem – glass and china breakages occur more easily, because the surface is not even. Also, the tiles themselves can break. On paper it is easier and cheaper to replace a tile than a section of stone or laminate, but finding a good colour or texture match may be difficult if you haven't kept spares from the original batch. You may have to re-grout the whole surface if the new grout stands out like a sore thumb, and they aren't very hygienic.

OTHER MATERIALS

Worktops of contemporary materials like fashionable stainless steel **3** and glass are also readily available. These are not cheap, but they are good for hygiene, although they can be murder to keep smear free! There are other surfaces such as reconstituted stone (made by bonding grains of stone, rather like making fibreboard), and man-made synthetic products like Corian are available; they are good, but not inexpensive.

BREAKFAST BARS

I spend an awful lot of time in the kitchen, and I think it's essential, if you can, to create a casual eating area. This can be made quite simply by extending the work surface past the units to form what has become known as the breakfast bar **4**. Alternatively, you can extend the work top widthways to create a long counter top. Breakfast bars also become good social spaces between meals.

4

LIGHTING

1

2

NATURAL LIGHT

Lighting in a kitchen, particularly if there is a dining area within or attached, is very important, but has been mostly undervalued in the past. The best light for any room, especially the kitchen, is natural light **1**, but in a lot of homes today – particularly those either converted from period houses or from old factories – it's not always possible to build the kitchen in this location. Occasionally, therefore, innovative ideas have to be thought up to provide suitable light.

Sometimes light may be created by using glass blocks or screens to borrow natural light from somewhere else, or by using Velux rooflights, or even a lantern. The latter is a glass and wooden structure fitted into the roof, designed to bring extra light into a room, as well as to work as an interesting design feature in itself. Lanterns work both as traditional and modern designs. Glass floors and staircases are also becoming more common, though I would have to question their suitability for girls in short skirts and men in kilts!

Piped light is also available for brightening dark areas; here, natural light is reflected into awkward spaces via pipes and mirrors – very clever.

SPOTLIGHTS AND UNDERLIGHTING

Quite often, the provision of natural and electric lighting to a kitchen is a compromise of both, but good light is essential so that you can see what you are doing, or you may end up chopping off your fingers while preparing a meal. Spotlights, either individual **2** or on a track, are popular in a kitchen, and should be directed at the main workstations: the oven, dishwasher, cooker and sink **3**.

As an alternative to a centrally diffused light, wall unit underlighting and glass cabinet overlighting can add very useful and attractive lighting to a kitchen. Extremely popular in recent years are low-voltage halogen downlighters, which are superb for providing bright, directed light, particularly for highlighting features in the room.

3

FLUORESCENT LIGHTS

Fluorescent tubes used to be all the rage in the sixties, but I think the light they provide is too harsh for the kitchen; however, for simple, bright diffused light there are compact fluorescent lamps which fit into standard bayonet or screw-in light fittings. These lamps can last up to ten times longer, and use a mere 20 per cent of the electricity than used in ordinary lamps. They are thus environmentally friendly and economic, but the looks are unappealing, so use them in a concealed light fitting.

LIGHTING DESIGN AND FITTINGS

There are lots of contemporary lighting designs available today **4**, so take your time and select a lighting system that suits all your requirements. Allow yourself the flexibility either to tone the lighting up or down via dimmer switches, or fit different on/off switches to work the main lights and any secondary lighting, creating selected lighting for the perfect ambience.

4

APPLIANCES

One thing about the building business that never ceases to amaze me is the inventiveness of people in kitchen design. Just as you think, 'well, that's the ultimate in innovation', something else just as clever comes along. There is a fantastic collection of kitchen accessories available, and it's constantly changing.

COOKERS

When selecting a hob and oven, you need to choose whether you want electric **1** or gas **2**, or indeed a combination of both. Gas is cheaper and instantly controllable, but gas cookers are a touch more difficult to clean than electric ones. Electric fan ovens spread the heat more evenly around the oven, and thus may prove to be more efficient and easier to use.

2

1

3

You also need to consider whether you want the ovens to be self-cleaning, as these don't always live up to the claims made for them, or maybe integrated and built-in. All these are logical questions you need to ask yourself. Then comes the difficult bit – go out and select what you want!

EXTRACTOR FANS

Extractor fans are useful and practical, but I do wonder whether some of the wonderful new shapes and designs, especially the glass ones, are more of a design statement than an appliance. There are two basic systems: the filter type recycles steam and cooking smells through an integral filter, which needs no ductwork, and can be positioned anywhere; the vented system must be ducted to an outside wall and is normally concealed on the top of the units, expelling the steam and smells to the outside **3**. Remember that the latter system means either concealing the ductwork, or alternatively making a feature out of it.

SINKS

A touch of retro appears at the top of a lot of people's wish lists with the re-emergence of the butler sink **4** because it's a sink you can fi things into – some of us were bathed in one as a child. The downside of butler sinks is that they are unforgiving if you drop china in them, and the sinks can be damaged more easily than those made from other materials. Contemporary sink materials range from resin **5**, the ever-popular stainless steel **6**, enamel and glass.

WATER FILTERS AND SOFTENERS

Water filters are useful additions, as they remove any last traces of impurities, useful if your water always furrs up your kettle. They can be an addition (a third tap) to a mixer **7**. Water softeners are great if you live in a hard-water area because limescale can shorten the life of water-fed appliances. Remember, though, that softened water is not suitable for babies to drink.

4

5

6

7

FLOORING

FLOORING

In the real world, a hard-wearing floor covering like Amtico **1** (a posh vinyl) or similar is a great kitchen floor covering. It is available in a whole range of styles, and colours, even realistic wood finishes **2**, but without any of the problems associated with wood flooring in the kitchen. In addition, this flooring can be fitted after the kitchen is put in (there's no point in paying for a floor covering under a kitchen that will never get used or seen). The best kind of flooring would be a form of impervious stone **3**, which needs little or no maintenance, ideally with underfloor heating. This is a big job, which would obviously have to be done before the kitchen was fitted, and works best with solid, rather than suspended floors.

1

2

3

EXTRAS

SPLASHBACKS

Most fitted kitchens have a splashback, an area between the wall and base units commonly covered with ceramic tiles of some sort for easy cleaning. People are increasingly looking at different forms of splashback, using stainless steel, granite or other types of stone, and, more commonly, glass **4**, but for me it's hard to beat the practical qualities of the simple ceramic tile **5**.

4

5

DECORATING

What do we use in the kitchen? There are a few things you must consider regarding kitchen decor, mainly whether you have any children or pets (note how I put them in the same category). It seems that where food is concerned, they both share an amazing ability to make a mess, with food getting everywhere including up the walls; my lot have even managed to get it onto the kitchen ceiling!

paint

For that main reason, and for the need to maintain and redecorate easily, I don't advocate using conventional patterned wallpaper. I would always paint the kitchen walls in a wonderful vibrant colour, and I would use matt emulsion because I like a flat finish. A silk finish gives a semi-shiny finish, even though it's relatively washable. Once you need to consider washing the wall, don't; you'll do as well to roll on two new coats of emulsion and freshen up the whole room.

The woodwork should be coated in an oil-based paint for a long-wearing and hard finish that is wipeable. Any new wood should be primed, undercoated and top-coated. Ensure that you apply knotting fluid to any visible knots before you start painting. Most people use a gloss finish for its bright shiny effect, which is easily wiped clean. My preference is for eggshell, which gives a much flatter finish, but is still wipeable – eggshell works well on older, well-prepared wood, since it doesn't reflect dents and imperfections in the woodwork in the way that full gloss does, and creates a classier look.

CURTAINS AND BLINDS

From a practical point of view, curtains are always difficult in the kitchen – I prefer to have nothing at all or blinds. My preference for blinds would be Venetian style, but cleaning them can be a nightmare. In the same way, Austrian blinds can be dust hoarders. A simple roller blind suffices for most situations – they're easy to fit and you only have to see them when you want to.

designing your kitchen

When you've seen what's out there and decided what style of kitchen you'd prefer, how much storage you need, and what appliances and accessories you'd like to include, you need to take these ideas and put them into a formal design. Then you need to produce an accurate budget and plan the actual order of work.

OVERALL CONSIDERATIONS

As with any job you take on in the house, this is the most important part – the master plan. I cannot emphasize enough just how important this is when fitting a new kitchen. A successful kitchen is one that incorporates style and practicality, and is somewhere that you like being. A kitchen can be an important social room for chatting and communication, as all too often the lounge becomes a silent cinema room, with the telly on in the corner.

The first thing to do is take a good look around the kitchen and then ask yourself: is it big enough? There may be a simple way to expand the kitchen space, by perhaps removing a built-in cupboard, or removing a non-loadbearing wall between a small dining room and the kitchen. This may open up the space to form a more practical, tastefully designed kitchen space. Contact a local architect or surveyor to advise on any structural alterations and local authority planning requirements before you start. Remember, don't be restricted with your design, be ambitious, take off the blinkers, and look beyond what's already there!

Any major structural work shouldn't really be started without a scaled set of drawings – you can either have the kitchen detailed on these drawings, or alternatively take the drawings you have with you to a kitchen supplier, who will create various designs to suit your requirements. Proper planning should help ensure that an installation is trouble-free.

CREATING A PLAN

Measure up the space, and with a pencil, ruler and graph paper draw the whole kitchen area to scale. Use these measurements to produce a two-dimensional plan. Next, consult manufacturers and find out the size of their units and appliances. Nearly all kitchen units are made to standard modular sizes across all ranges, so that different-size combinations, along with your selection of appliances, can be mixed to suit any kitchen space.

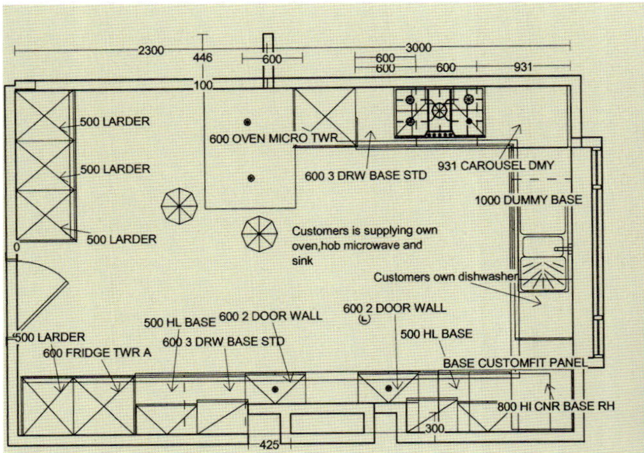

1

2

If you are selecting your kitchen from a mass-producer or a bespoke kitchen manufacturer, most offer a free design service, provided by a computer-generated plan **1**, which is also available in 3-D **2**, **3**, **4** & **5** so you get to see how your kitchen will actually look in all directions. In some cases, a CD-ROM can be supplied so that you can check out your ideas and suggestions on your computer.

Unfortunately, we can't all have the perfect kitchen and the wonderful working triangle. Mostly, we have to work within the parameters we've been given. A lot of standard houses from the 1930s onwards were built with a small kitchen, much like a Victorian scullery in size, with a separate dining room. I would open up the room by creating a kitchen-diner/breakfast room **6**, by taking down

TOMMY'S ADVICE: THE WORKING TRIANGLE

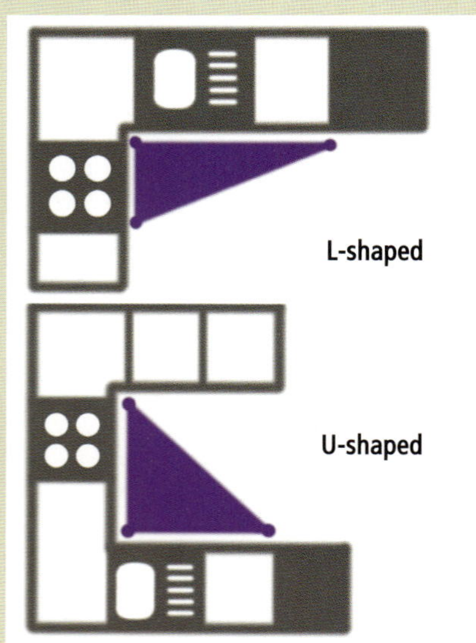

When you design your kitchen, try to incorporate what is known as the working triangle; this is based around the kitchen's three main areas of food storage/preparation, cooking, and washing. If you think of these three main areas as the points of the triangle, the ideal kitchen layout maintains equal distances between each point, allowing for efficient food preparation. The more elongated and lopsided the triangle becomes, the more you'll find yourself walking a half marathon every time you want to boil an egg, make toast and have a cup of tea!

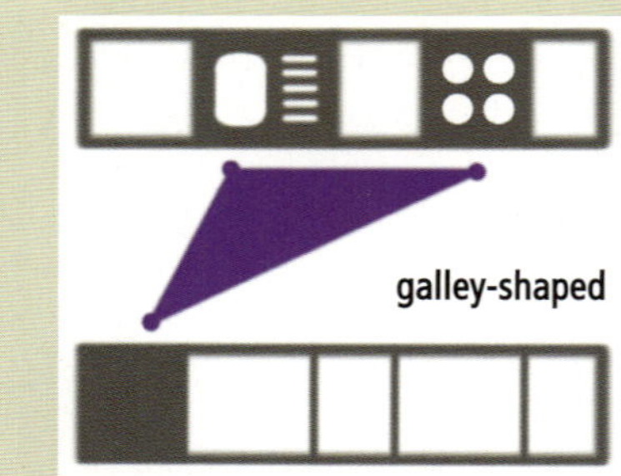

TOP TIP Don't design your kitchen to fit exactly between two points (say two walls) Always allow for variations, allow some tolerance, using scribed infills at each end to cover the gaps. It really does make fitting a kitchen a whole lot easier.

3

4

5

6

1

the walls, rather than installing a galley-style kitchen, which is adequate for a riverside city flat, but not really suitable for a modern family. Then again, there are houses or flats that come with L-shaped or single run kitchens, where there is one long run of units against one wall.

Whatever the layout of your kitchen, try to group the important storage cupboards, preparation areas and appliances close together in order to avoid falling asleep over your dinner through exhaustion if everything is miles from everything else. Most importantly, try to position the fridge next to the food preparation area **1**; and bear in mind that there should be no units over the hob – unless it's an extractor unit. Having the top cupboards or larder close to the food preparation area is another essential ingredient you should try to incorporate into your design.

thinking ahead

It's no longer an absolute, but traditionally the sink is positioned under the kitchen window **2**, so you can look out onto the garden while you work. Also, it's much handier to run the waste system to the outside gulley from that position. As I said, though, don't be blinkered because you don't have to be restricted in any way; remember, we have dishwashers now. With our first house, I built the whole kitchen out of brick, which was pretty contemporary at the time, and my wife said, 'I want a dishwasher in this kitchen.' I said, 'What do you want one of those for? I've fitted a sink.' She said, 'Are you going to do the washing up, then?' Needless to say, a

TOMMY'S ADVICE

- ☑ Free-standing appliances are sometimes larger than those that are designed to fit under worktops, so check and make allowances in your plan.
- ☑ In a well-designed kitchen you should be able to walk past any appliance's open door.
- ☑ Recycling should be done in the kitchen, so you could create a waste bin system that incorporates separation of recylables at source.
- ☑ Children are an obvious consideration in the kitchen design, but remember they're not kids for long, and will move out eventually.
- ☑ Would an island be appropriate? I think for an island to work properly, it needs to be set in a considerable space, but islands are great to work from.

2

dishwasher was fitted the very next day! So when planning your kitchen, work out what you need and build it into your drawing, rather than afterwards into your kitchen, which is much more difficult.

1

appliances

On the plan, position the appliances and work positions for preparation **1**. Fit sufficient electrical sockets to the ring, using spurs for your appliances, work out how many sockets you THINK you'll need, and increase that number by 20 per cent. Don't be restricted by the old electrical circuit, or the old plumbing and waste system, since these can be altered with relative ease, to suit your ideal kitchen design.

BUDGETING

When budgeting for a kitchen, I always tell clients to allow 25 per cent extra in their calculations for a budget overspend. Let's say your budget is for £4,000 – that would allow you about £3,000 for the kitchen and £1,000 for fitting and alterations to plumbing and electrical work, with tiled splashbacks and maybe some vinyl flooring.

When you enter the kitchen showroom and look at the kitchens available for £3,000, it's strange how your eyes wander over to the display where the kitchen is £4,000 or even £5,000 – and this is where the trouble starts. Make an honest budget and stick to it: you need to check exactly what you are getting for your money. Do not be afraid to ask questions, and don't be bullied by pushy salespeople; make sure you bargain for what you want.

If you have to make structural alterations, be sure to include the cost of drawings and surveyor's fees in the budget, in addition to the cost of the building work. Building waste is no longer cheap to clear and is subject to a government Green Tax, so when loading a skip break down any bulky waste, like units, and pack the skip well to avoid wasting money.

Flooring choices and costs can vary enormously, so select carefully. If you have overspent on the kitchen, leave the floor till next month's pay cheque comes in, and then choose the floor covering that you want. The same goes for the decorating, although ideally it's best to try and do it all in one go.

TOP TIP Carefully plan your budget to restrict overspending, allow for the cost of a professional tradesman and 10–15 per cent on top for any unseen problems.

kitchen fitting

'Out of the box'
At first, when reading the instructions you may feel the need for a degree in "gobbledegook" but patience and persistence will win through in the end!

dismantling a kitchen

There are some people who think that the best way to remove an old kitchen is to get the sledgehammer out of storage and smash the place to smithereens. Although this may seem like an efficient use of one's time and labour, I'm afraid it isn't, and you'll end up doing more damage than good! It's much better to go about it systematically.

ORDER OF WORK

TURNING OFF SERVICES

Before you start, as a safety precaution turn off the kitchen electrical power ring main, the gas (see the Top Tip below) and the water mains. You should already know where all the utilities shut-off points are but, if not, locate the water mains stopcock (normally sited under the kitchen sink), the gas shut-off valve (normally next to the gas meter), and the electricity consumer unit and mains on/off switch (normally positioned in a cupboard, in the cellar or under the stairs). Check that these are all working well so you can turn each one off when you need to, BEFORE demolition.

TOP TIP Any work relating to gas MUST be carried out by a CORGI-registered installer. You find installers via the Yellow Pages, and check out their credentials before agreeing to any contract.

REMOVING APPLIANCES

Dismantle a kitchen by reversing the way it was installed. Appliances are normally the last items to be installed, so these should be removed first of all. When dismantling an existing kitchen, after switching off all the relevant services slide out any integrated appliances **1**. The washing machine and dishwasher should have isolator valves, so turn these off first, before disconnecting the supply and discharge hoses. Once you've turned off the stopcock and any isolator valves, open the sink taps up to drain off any stored water or any water left in the pipes.

electricity

Removing electrical appliances is simple enough if they are plugged into sockets, but if they are wired directly into

1

2

fused connection sockets, you need to turn off the power, unscrew the face plate, disconnect the wires and put the face plate back on before doing anything else. Now the appliance can be removed easily and safely.

DISMANTLING UNITS

The last units to have been fixed will have been the wall units, and these should be tackled before moving on to the base units. First remove the cornice, pelmet and doors by unscrewing them **2**, and disconnect any underlighting, again with a screwdriver, sealing the supply connection with insulating tape. Then unscrew the connecting bolts/screws from each unit and remove them from the wall. The units can now be flattened for easy disposal.

Next move on to the worktop. First lift out the sink **3**, and tape up any cut supply pipes and waste pipes to prevent rubbish getting into them. Using a craft knife, cut through the mastic seal to the wall or tiles, undo the connecting brackets to the carcass and any screws to the wall battens **4**, then lift and pull it clear from the wall.

3

4

5

6

You can now turn your attention to the base units. First remove the unit skirting (plinths) **5**, then, as with the wall units, undo the unit-connecting bolts/screws and you're ready to start pulling apart each unit **6**, beginning at the end of a run.

Now hack off a tiled splashback using a hammer and bolster **7**, and scrape off any leftover adhesive.

TOP TIP Ensure you're wearing gloves and goggles for safety when removing tiles, as tile splinters can fly off, and they're very sharp.

7

A builders' skip is probably still the best and most economical way to dispose of waste

REMOVING FLOOR COVERING

At this point you can strip the floor covering if it is ready to be replaced. For vinyl and lino, just cut through the surface with a craft knife and pull it up. For ceramic floor tiles, smash them up with a hammer and bolster chisel as with a tiled splashback. Always wear safety gear as stated in the Top Tip.

After removing floor tiles, you'll probably be left with adhesive on the subfloor, which you can remove by chipping it away with a sharp, broad-bladed bolster chisel and light (1kg/2lb) club hammer – always wear safety goggles and gloves when chiselling. This may be a slow, tedious job, but the alternative is to apply PVA adhesive mixed with water, and level the unevenness with sharp sand and cement or latex, ready for the new surface. So there you have it: a blank canvas!

WASTE REMOVAL

Disposal of building waste is no longer inexpensive, especially since the government introduced a Green Tax to encourage better disposal practices and more recycling. A builders' skip is probably still the best and most economical way to dispose of waste – remember, it's your responsibility to apply and pay for a skip license if you intend to park it on the public highway; if it is in your garden or driveway, a license isn't required.

Commercial vehicles are not normally permitted to dispose of rubbish in local authority dumps, and private cars may incur a charge when doing so. Disposal of appliances is carried out by arrangement with the local authorities, and may incur a charge. Some appliance suppliers offer to dispose of your old fridge or freezer free of charge if you buy a new model from them.

To avoid tragedies with children or animals, don't leave an unused fridge or freezer lying around without taping the door closed or removing the door altogether.

measuring & levelling

Although you're probably itching to get started on building your units and fitting them in place, the most important part of the preparation has to be done –without proper and accurate measurements and levelling, nothing is going to work!

SETTING A DATUM LINE

In order to avoid costly mistakes, I'm going to divulge a trick of the trade, which is amazingly simple but will prove invaluable. This is what we call the setting-out stage, and the first thing you do once the room has been cleared is to mark a datum line on the wall 1m (39in) from the floor all around the room. If the floor is uneven, measure and mark this distance up the wall from the lowest point **1**.

Use a spirit level for marking the line (the longer the better), turning the level around each time you mark the wall **2**. Use the level datum line rather than the floor, to measure from for fitting units. So, for example, if the base units sit 800mm (32in) high, then you measure down 200mm (8in) from the datum line, rather than up 800mm (32in) from the floor. This will give you an accurate, level line around the whole room from which to work. This datum line allows you to check how level (or not) your floor and ceiling are. To make a gauging rod, offer a piece of batten to the wall and mark on it the distance between floor and line. Cut the batten to size – this becomes your 'pinch stick'. You can use this to check floor levels all around the room by holding the pinch stick at any point against the line **3**.

TOMMY'S ADVICE

It is always important to find the centre of any kitchen wall. If a unit straddles the line, centre it with the line and work out the rest from there.

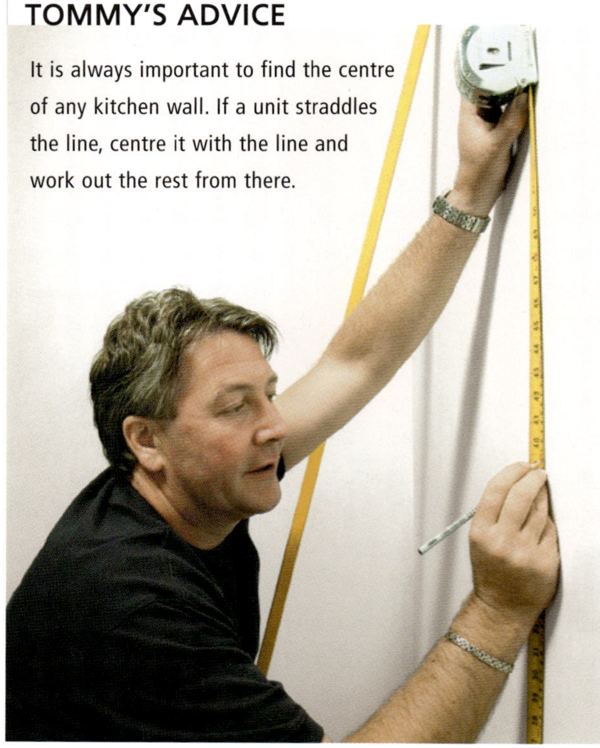

1

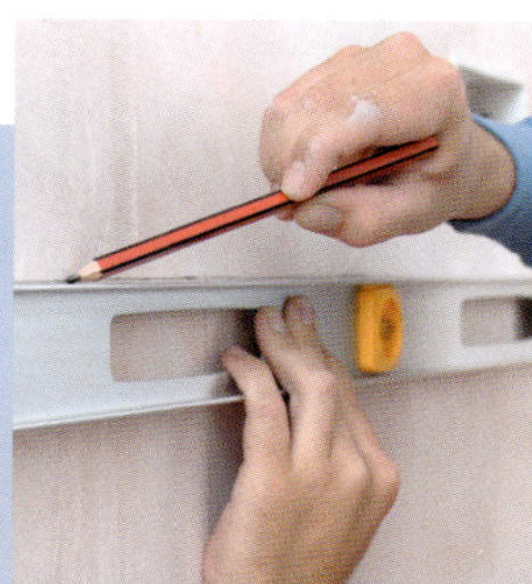

2

3

SETTING OUT

Before you start assembling, mark out the whole kitchen by drawing it on the wall – the base units, worktops, wall cabinets, electrical sockets and spurs. Remember to make all your measurements from the datum line.

TOP TIP Use a pipe and cable detector to check where your concealed pipe runs and electrical cables are situated 4. Pipes and electrical cables should have been installed in vertical and horizontal lines – but assume nothing until you have checked! Mark these runs onto the wall with two parallel lines about 50mm (2in) apart, using a marker pen and spirit level 5. This will help you avoid electrocuting yourself or flooding the house when drilling the wall.

4

5

If you intend to have skirtings (or plinths) fitted to the units in your kitchen, these are normally 150mm (6in) high. In order to avoid wasting the ones supplied and having to buy oversize ones, mark the TOP LINE of the base units onto the wall, the setting out point being the point of GREATEST DISTANCE between datum line and the floor **6**. That will enable the skirting (plinths) to be scribed (shaped) to suit the floor. If you set the top edge of a run of base units from the point in the room where the floor is at its lowest, any variations in floor level will require the plinth to be cut down. If you set the top edge from the highest point on the floor, where the floor dips down, it will leave a gap below the plinth. That means you will need to buy a wider plinth in order to scribe and cut it to fit.

Most modular kitchens have standardized sizes. As a rule of thumb, base units are fitted at 915mm (3ft) from the floor, the worktop at various thicknesses of 32mm (1¼in), 40mm (1⅝in) and 50mm (2in), then standard size wall units are fitted approximately 460mm (18in) above the worktop.

All these standard heights can be adjusted to meet your personal requirements. Base units can be fitted onto a strong raised platform, to reduce bending and back problems if you're particularly tall. To do this, screw pieces of 50 x 50mm (2 x 2in) batten to the floor, then screw 19mm (¾in) plywood to the battens **7**, making sure that the platform sits behind the plinth. Alternatively, for shorter people, you can remove the adjustable legs and lower the units, to make the working height more comfortable Again, a platform can be made to sit the base units on, at the required height.

Units and appliances are no longer available in just one depth, 600mm (2ft). The shortage of space in many homes has created a market for shallower units and appliances. This means that contemporary and innovative design can make a more practical and interesting use of any space and will give more flexibility in the kitchen.

make all your measurements from the datum line for the perfectly measured and level kitchen

6

7

assembling base units

The base units are the ones likely to take most of the weight and strain in a fitted kitchen – including stone or marble work surfaces – so you need to take your time, read the instructions carefully, and not skimp on the units' assembly.

WORKING WITH FLAT-PACKS

Flat-pack systems have been around for many years now, and due to increased competition and demand for quality, great improvements have been made in their manufacture. The carcass material is thicker and better made than was the case years ago, as are the finishes, while door and drawer manufacturing has seen an improvement in quality, with fittings that are quick and easy to use. Assembling a base unit flat-pack is just like assembling most other

1

flat-packs – following a standard system of construction designed by the manufacturer. To manage it successfully, follow a few simple rules and handy tips.

GETTING STARTED

Whenever I fit kitchen units, first and foremost, I read the instructions a couple of times, which normally suffices to soak up the information. Then I set up my workbench, using a sheet of 19mm (¾in) plywood or MDF mounted on a pair of collapsible saw horses or stools **1**. Why use a workbench to put together the unit, and not the floor? Number one, everything's at a comfortable height to work with, which makes it easy on my back; number two, when you're working on the floor, it's not long before you kneel excruciatingly on that elusive missing screw, or you kick over a pack of fittings and inevitably some bits go missing. Unpack and identify all the parts. I always position the parts on the bench like an exploded drawing, and check which fixings go where. Familiarize yourself with all the components first **2**.

Then carry out a dry run by putting the unit together without fixings **3**. This will help you to get your head around the construction before you go near any glue.

TOP TIP When opening the flat-pack packaging, do so very carefully and store it until the new kitchen is completed. It is not at all unknown for the wrong unit to be sent to you, and it's much easier to change if everything is intact and back in the original packaging.

ADDING DOORS AND MORE UNITS

The cupboard shelves and doors are fitted once the whole kitchen is assembled and in position. The legs are adjustable for fine levelling when the units are all positioned correctly.

CONSTRUCTING THE UNIT

Zero hour has finally arrived! When flat-packs first came on the scene, they were quite difficult to put together. Screwing one piece of chipboard to another often brought about a catalogue of disasters, but then a very clever (and now probably very rich) person invented the locking cam and stud system.

2

3

1

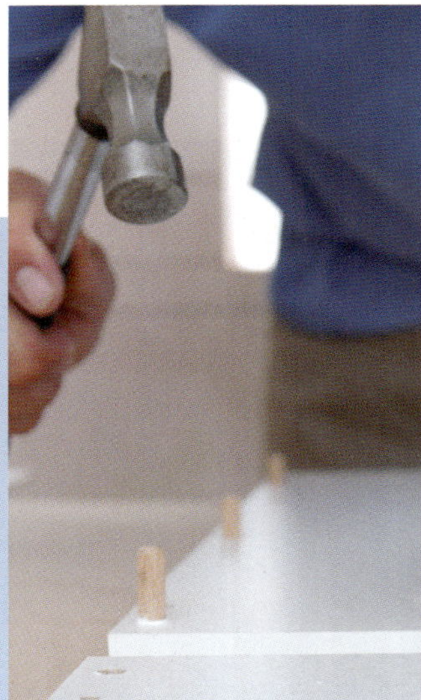
2

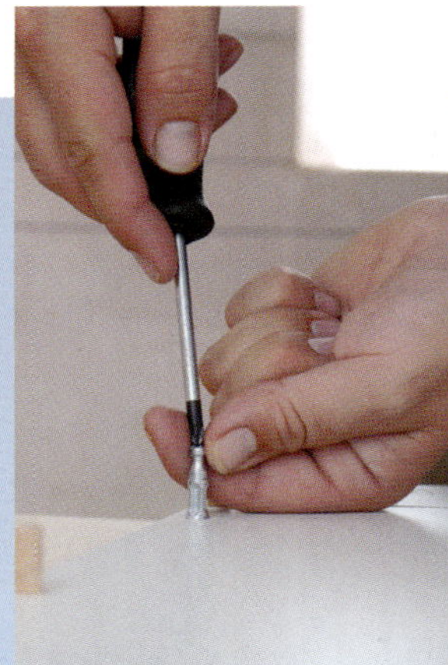
3

4

some very clever (and now probably very rich) person invented the locking cam and stud system

5

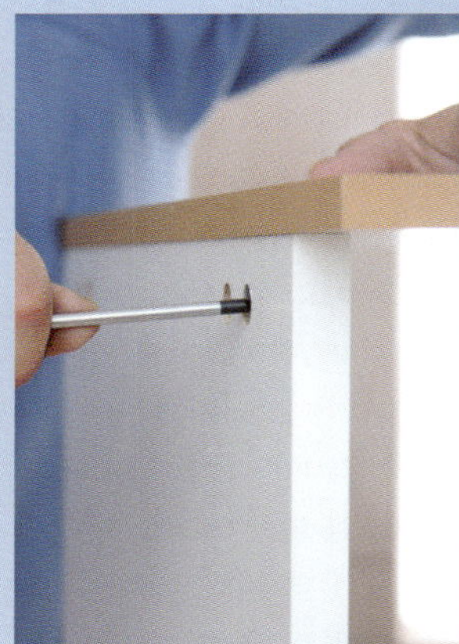
6

7

cam and stud fixing

The cam and stud fixing mechanism involves locking the stud solidly into place merely by turning the cam with a screwdriver – and it revolutionized flat-packs. In fact, dare I say it, flat-pack construction is now simple, and even pleasurable! (You know, I think I should get out a bit more.)

Take the base panel and identify the pre-drilled dowel holes. Apply some PVA glue to the dowels **1** and tap them into the pre-drilled holes **2**. Use a light hammer or mallet, and take care not to damage the dowels. These should fit snugly, and act as locating pins for the connecting panel. Insert the cam studs in the pre-drilled holes either side of the wooden dowels, and screw these in with a slotted screwdriver via the slot in the top of the stud **3**.

The two side panels have two larger holes to the top and bottom of the panel, which are to take the magical locking cams. Just pop the cams into the holes, ensuring that the embossed arrow on the cams points towards the end of the panel **4**. This ensures the cam receives the stud in a sort of docking manoeuvre.

Apply a little PVA adhesive to the protruding dowels of the base panel **5** and carefully guide the side panels into place. Secure the side panels to the base by tightening the locking cams with a screwdriver, turning them clockwise **6**.

TOP TIP Keep a clean, damp cloth to hand, to wipe off any excess adhesive, marks or spills 7. Ensure your hands are kept clean during construction to avoid any greasy marking or contamination of the cabinets.

fitting the back panel

With the two sides connected to the base you need to fit the back panel, which usually just slots in place **8**. There

8

9

10

11

are pre-machined grooves in all the panels, but you may have to use a craft knife to remove any excess edging at the end of the grooves. Some systems require the back panel to be attached to the carcass with panel pins.

The top of the unit is often open, with two pieces of melamine-covered composite board fitted with dowels and stud cams on either side, to hold the cabinet together. These two straps also serve as fixing supports for the worktop, being attached to it from underneath. Add the top of the cabinet with the glued dowels and studs screwed in place, tighten up the cams, and fit the cam covers to conceal the exposed cams.

fixing the legs

Now turn the cabinet over and attach the legs. Position each leg bracket over the pre-drilled hole and tap it in with a hammer **9**. Pilot-drill through the hole positions with a 3mm (⅛in) fine drill and fix into place with the screws provided **10**, before pushing the legs into position in the brackets **11**. That's the first kitchen unit made, simple! Now you can move onto the next unit in the run.

adjusting the legs

I don't recommend you adjust the legs finally at this stage, but you should do it roughly for now. The amount of adjustment varies up to 50mm (2in) fully extended. Don't fully extend the legs, as this can destabilize the units. The legs are only made of threaded plastic, and with the drawers, doors, worktops (maybe made of stone) and cupboards full, the plastic may have to carry a heavy load.

One current design is to have legs that are visible and are not covered by a plinth **12**; these can be adjusted individually. Follow the supplier's instructions when fitting, and use a spirit level to ensure the top stays level.

DOUBLE-FRONTED UNITS

Two-door units are assembled in the same way as single-door units, with the addition of a vertical section, which is screwed to the centre of the unit front edge **13**. This piece is added to strengthen the unit and conceal any gap between the doors.

12

13

positioning & fixing base units

At this precise moment the kitchen will consist of little more than bare walls and a big stack of assembled boxes. Take stock of what to do and get a feel for the job. Transfer the layout plan onto the kitchen walls in pencil, and try to visualize the finished kitchen.

FIXING THE UNITS

The corner unit (if there is one) is the place to start. You may find the kitchen units are too heavy to lift on your own, and you may require assistance from a helper. Base units should always be lifted into position, never dragged, to avoid breaking the legs off.

ALIGNING THE UNITS

Align the back of the unit with the pencil guideline on the wall **1**, rotating the legs to adjust the height as necessary. Adjust the front legs to bring the unit level, checking across all dimensions with a spirit level to ensure the unit is exactly aligned **2**. Repeat this process until all the base units are in place. Check each unit is level with the next by holding a spirit level across them both.

TOP TIP Any adjustment over 25mm (1in) requires a wooden batten or length of plywood to be positioned under the legs as a packer; then make the finer adjustment with the legs themselves.

CONNECTING THE UNITS

The units can be joined together with a pair of connecting bolts, but I prefer to screw them together so you don't see

1

2

I prefer to screw the units together behind the hinge plates, as this conceals the fixings

any fixings, positioning the screw fixings behind the hinge plates. Use a pair of cramps to hold the cabinets in place, keeping the units together top and bottom while you carry out this procedure **3**.

Join the units by drilling pilot holes at the hinge positions so that the connecting fixings will be concealed behind the hinge brackets. Drill to a depth of 19mm ($\frac{3}{4}$in), marking the depth on your drill bit with a rubber band or piece of masking tape **4**, to avoid drilling right through the inside face of the adjoining cabinet.

Use a countersink bit on the pilot holes.This will allow the 25mm (1in) screws to sit snugly and invisibly behind the door hinges once they are fitted **5**.

3

4

5

6

7

FIXING TO THE WALL WITH BRACKETS

With all the base units in place and level, the simplest way of fixing them in place is to screw them directly to the wall through brackets.

Fixing base units to the wall can be carried out easily. Start by attaching L-shaped brackets to the wall with wallplugs and screws **6**, then screw the brackets to the inside of the unit side panels (near the top of the unit). If the wall is well out of plumb and a sizeable gap appears at the back of the unit, you may need to cut a wooden batten to the inside dimensions of the unit, and attach it to the wall with plugs and screws **7**. L-shaped brackets can then be fitted to the unit and batten to secure the unit, or you can screw through the sides of the unit into the ends of the batten.

TOP TIP Hopefully, with cable and pipe runs already marked onto the wall any accidents will be avoided, but it's worth double-checking with the pipe and cable detector before screwing into the wall, to avoid an expensive repair and major heartache.

fixing to a batten

The alternative to using brackets is to cut a piece of batten and attach it to the wall, aligned with the pencil guideline, using plugs and screws, then screw the unit to the batten. This method is very useful to help carry the weight if you are fitting granite or very heavy worktops, but you'll need to ensure that, with the extra depth to the units added by the batten, the worktop is wide enough to provide at least a 25mm (1in) overhang to the front.

1

TOP TIP Once the post is attached to the corner, fix a blank end to the open section of the cabinet, using joining blocks. The blank end can be of any material, (plywood, MDF, even hardboard) because it won't be seen, and it will prevent all your cupboard contents disappearing into the void.

FIXING CORNER UNITS

When returning a run of cabinets from a corner unit, a corner post will have to be fitted to allow necessary door spacing and to cover a gap. The post can be attached by fitting two brackets (top and bottom) to the inside face of the corner cabinet. Fix the corner post by screwing from behind. Attach the next unit to the corner post by drilling pilot holes through the face of the cabinet, countersinking and screwing together with 32mm (1¼in) screws **1**.

Corner unit doors normally close onto a vertical melamine-covered post, which acts as a spacer, enabling the doors to work effectively. Alternatively, you can attach the post to one of the doors with joining plates so they open together **2**.

2

positioning & fixing wall units

Without a few tips, fitting kitchen units can seem like a job only suited to a many-armed animal (an apt description of some builders). Nowhere is this more apparent than when fitting wall units – but help is at hand!

FIXING

MARKING UP

The most obvious way to ease your load is to enlist the services of a helper for lifting the heavier units and holding them in place while you see to the fixings. To further lighten the burden, I always attach a temporary batten to the wall below the guideline for the bottom edge of the units. This is a perfect ledge to hold the cabinet while attaching it to the wall.

As with the base units, you first need to mark out in pencil on the wall the position of each wall unit (if you haven't already done this). Measure up from the top of the base units, and mark the height of the bottom edge of the wall unit **1**, remembering to add the depth of the worktop to your calculation. Wall cabinets are normally fitted with a distance of 460mm (18in) from the worktop to the bottom of the cabinet, but this of course can be varied to suit personal requirements. When fixing cabinets over a hob, manufacturers recommend, for safety reasons, that you should leave a space of 600mm (2ft) above the hob, and a minimum of 460mm (18in) for the units on either side.

Having marked the position of the first wall unit, cut a batten to match the distance between the mark and the datum line. Use this pinch stick around the walls to mark out accurately **2**, joining up all the marks with a straight edge **3** to create a perfect level line to work from.

To make hanging wall units easier, I measure up from the datum line to the required height, mark the wall and fix a temporary wooden batten with plugs and screws **4**. This enables you to sit the wall unit on it, so helping to take the weight while you fix it to the wall. Once all the wall units are fitted, you can remove the batten and fill the holes.

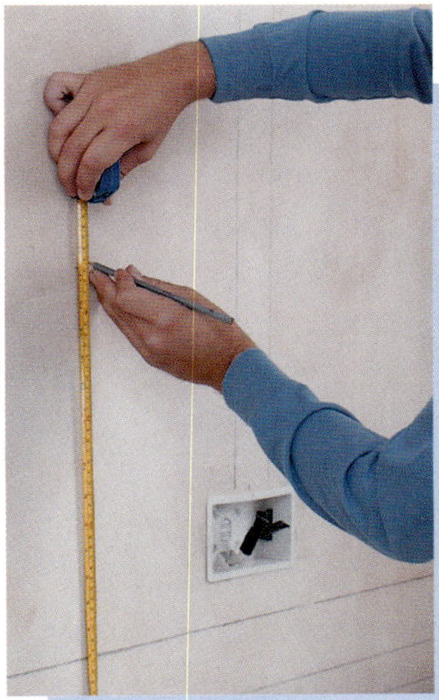

1

2

3

4

enlist the services of a helper for lifting the heavier units

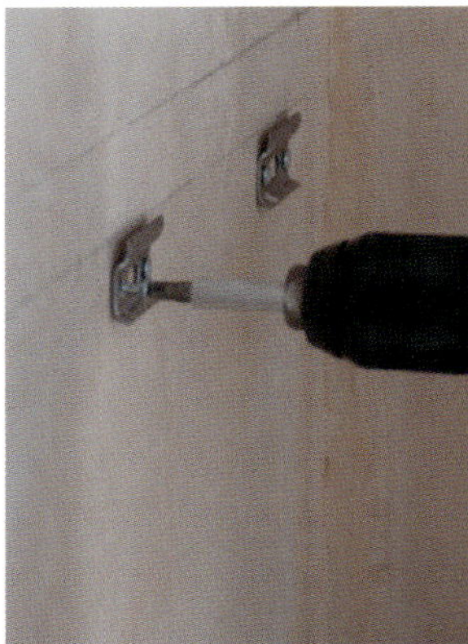

2

3

4

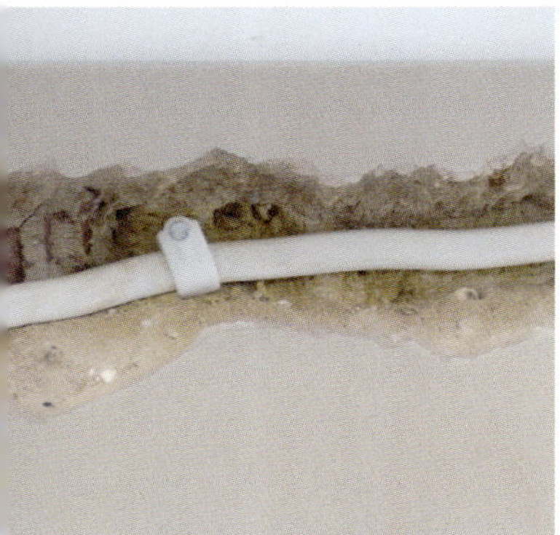

1

5

6

under-unit lighting

If you wish to fit under-unit, or indeed over-unit lighting, the cable run should be drawn onto the wall and chased in below the plaster, before the cabinets are fitted, using a club hammer and sharp bolster chisel **1**. Plaster over when the cables are in place. Plan the cable runs so that they won't conflict with the cabinet fixing positions.

FIXING TO SOLID WALLS

Attaching a unit to the wall used to be done by fixing through the unit in the two top corners with plugs and screws. Modern technology has made life a lot easier. A clever person has invented a fitting which is internally mounted in the top corners of each cabinet and hooks onto a special metal bracket fixed to the wall. This fitting incorporates an adjustment block consisting of two screws that allows you to adjust both the height of the unit and how tight it is against the wall.

Each metal bracket on the wall must match up exactly with the hook on the back of the unit, so it is vital to mark carefully the positions of the brackets according to the unit design. Fix the brackets with plugs and screws **2**. Drill two or three holes through the rail into the back of the unit, hang it and mark the holes on the wall. Unhook and sink the plugs, then re-attach the unit **3** and sink the screws.

Having securely fixed the brackets, hook the units onto them, then adjust the screws in the adjustment blocks to get the units level and aligning precisely **4**. You may need a helper to lift the heavier units, but you'll find the job is a whole lot easier with that temporary batten.

Once all the wall units are in place, they should be joined together to create a strong, rigid structure. First clamp two units together **5**, then either join them using the pre-drilled holes and connecting bolts supplied by the manufacturer **6**, or by screwing them together behind the door hinge positions as for base units (see page 65).

FIXING TO STUD WALLS

If the walls are stud walls, constructed from a timber framework with plasterboard cladding, you will have to use hollow wall fixings to secure the brackets. Bearing in mind that there may be a lot of weight stored in these cabinets, it may be wise to add extra fixings. I would recommend replacing a strip of plasterboard from the wall with a length of 4 x 1in (100 x 25mm) timber. The strip of timber should be 100mm (4in) wide at the point where the wall brackets are to be fixed, and should extend the entire length of the run of units; attach it to the timber skeleton of the wall with screws. The wall cabinets can be securely attached to this batten.

Use a cable and pipe detector (see page 59) to locate services and avoid disaster **7**. Carefully mark out on the plasterboard the section to be removed, using the timber as a template **8** and measuring up from the datum line. To make a starting place for the saw, drill a series of holes in the plasterboard very close together **9**. Cut out the plasterboard with an old hand saw **10**, to reveal the vertical studs of the wall construction **11** – whatever you do, don't cut through the vertical studs! Screw the length of timber to the vertical studs **12** and attach the metal brackets as described for solid walls, for a secure fixing. The timber should be completely concealed.

TOP TIP If you are including a tiled splashback in your kitchen design, try to set the distance between the worktop and wall unit to a full tile. This minimizes the amount of tile cutting required, making it much easier to fit the splashback (see page 104).

7

8

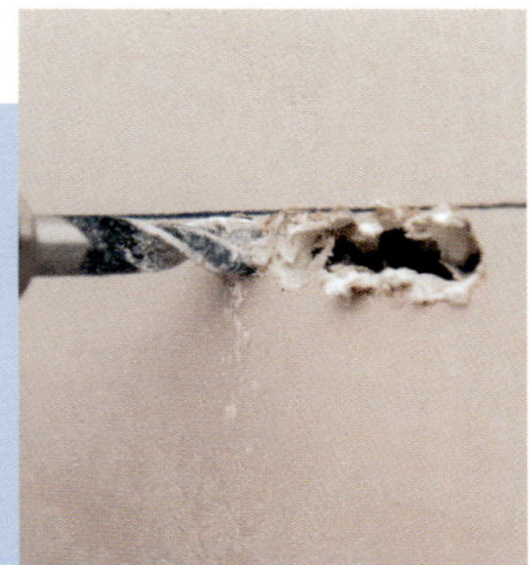
9

10

11

12

assembling drawers

Many years ago the manufacture and assembly of a drawer was a complex procedure, involving dovetail joints and rebates made with hand tools. Today, the process has become a lot easier with templates and electric routers. For most of us, however, the only drawers we are likely to have to assemble are from flat-packs, either as a group, such as a drawer stack, or in drawer line base units which have a drawer above every door.

STYLES OF DRAWERS

The early form of flat-pack kitchens had a horrendous drawer design, really cheap and nasty! The three sides of the drawer were loosely connected by the plastic outer coating, and crudely folded around a white-painted hardboard base, which fitted into a shallow rebated slot when assembled. The drawer face was connected to this contraption, and there weren't runners as such, just another rebated slot to each side of the drawer, which was meant to slide in and out on a pair of wooden battens attached to the unit. These drawers were so poorly constructed that as soon as any weight was applied the bottom would fall out and the drawer would literally fall apart. I distinctly remember my parents' fitted kitchen, one of the first I ever fitted (poor Mum and Dad). It was beautiful, antiqued oak, but within six months they had just the drawer fronts left, and no drawers!

ASSEMBLING STEEL FLAT-PACK DRAWERS

Thankfully that's all in the past, and manufacturers these days realize that drawers need to be well constructed to stand up to the constant wear and tear of a busy kitchen.

Once again, the first thing to do is set out the components of the drawer on your bench like an exploded drawing **1**, and read the instructions carefully. A modern and now commonly used type of drawer has three smooth metal sides. Connect the left and right sides to the back panel as marked **2**, then slide the drawer base into the slot at the bottom of the frame **3**. Turn the drawer upside down and screw the base into position, using a fine pilot drill or a bradawl to guide the screws **4**.

1

the first thing to do is set out the components of the drawer on your bench like an exploded drawing

2

3

ASSEMBLING THE DRAWER FRONTS

Before fixing the drawer fronts, check which one goes where, i.e. top, middle or bottom, to ensure the right drawer front is attached to the correct drawer. Next, fix the two retaining clips via the pre-drilled holes in the back of the drawer front with the screws provided, then turn the clip around to cover the screw positions. Then simply push the drawer front into the drawer frame **5** and it will lock into the special fittings attached to the drawer sides. Repeat this process for the rest of the drawers.

Stand the drawers up and carefully mark the drawer handle positions **6**; sometimes these positions are pre-marked. Carefully drill through the drawer face with a drill bit to match the bolt size **7**, and feed the bolt through from the inside of the drawer into the back of the handle.

TOP TIP If you want to change the position of your handles from small to large or from horizontal to vertical, and there are only marks for smaller handles, you can buy a useful pre-printed template to accurately position any size of handle in any direction.

Fit the drawer runners to the inside of the cabinet via the pre-drilled holes **8**. The two things to remember are to fit the left- and right-hand runners in the matching sides of the unit, and to ensure each pair of opposite runners is fixed at the same height.

Slide all the drawers into position. If the drawers are not all aligned correctly, adjustment can be made by turning a wheel **9** or screws on the special clip fittings on either side of the drawer. For horizontal adjustment use the screws nearest the drawer front; vertical correction is made via the rear screws. With the adjustments completed, fix the locking plates in position.

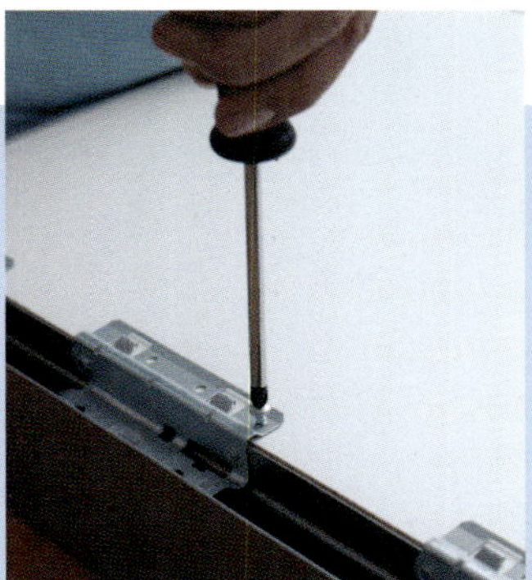

4

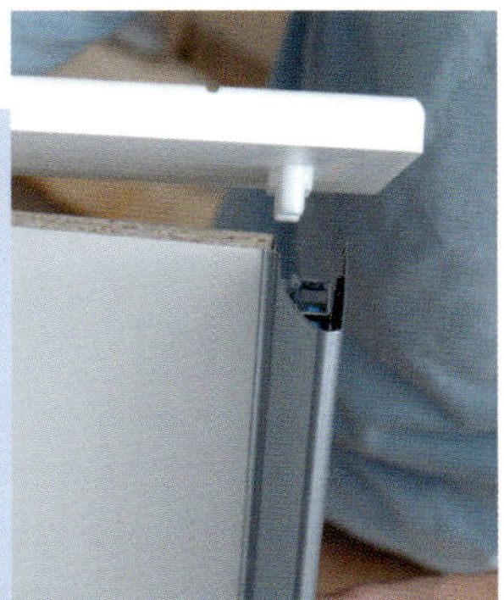

5

6

7

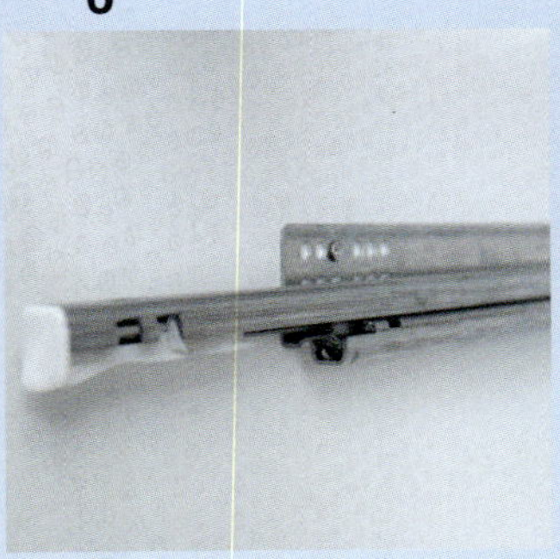

8

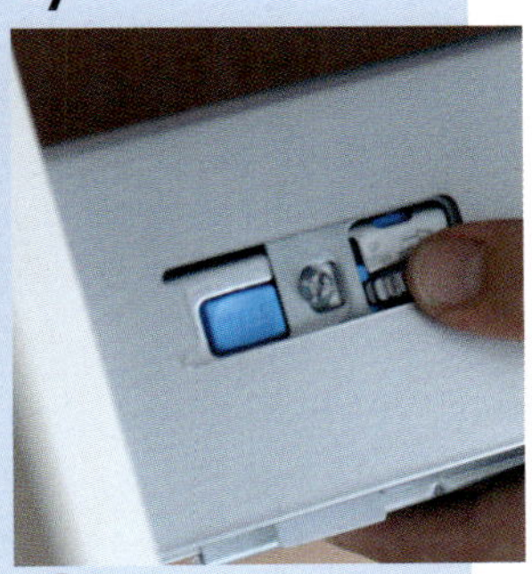

9

DRAWER LINE UNITS

If you are using drawer line units (base units with a drawer at the top of each unit), the runners should be positioned on the predetermined marks and fitted with the screws specified and provided. The runners are left- and right-handed, so offer them into position to check them before fixing.

Drawer positions under the sink are usually dummy fronts to cover the sink bowl (see page 80). These are simply screwed to the unit sides with L-shaped brackets **10**.

10

fitting worktops

Choosing the type of worktop you have is one of the most important decisions you can make for your kitchen. The finished surface must be practical, hardwearing, hygienic, heat-resistant, easy to clean and lovely to behold – a bit like I was once described, though I'm not sure about heat-resistant' or lovely to behold'; but I am easy to clean!

CHOOSING AND FITTING YOUR WORKTOP

There is a wide range of materials available to create work surfaces, both natural and man-made. Among them are: granite (my favourite), marble, slate, ceramic tiles, wood, stainless steel, copper, synthetic versions of stone, Corian, Formica, or the commonest and easiest to fit, the laminated chipboard machined worktop.

The last of these meets all the criteria for practicality, and comes in a wide range of colours and textures to suit every taste and complement any fitted kitchen. Worktops are available in different thicknesses; pre-formed worktops are normally available in different standard lengths, from 1.5m (5ft) to 5m (16ft) long, and two widths, 600mm (2ft), the regular width, and 1.2m (4ft).

WOODEN WORKTOPS

These worktops are also quite popular and usually come in standard lengths and widths, much as laminates do. They are normally made up of strips of hardwood, such as beech, bonded together and pre-finished. Complete sheets of hardwood, like teak, can be used, but there is a danger they may crack, curl or split over time. Like laminate worktops, wooden worktops are fixed in place from underneath. A wooden worktop can be given a whole range of different front edges by cutting with a router. Simply select your desired cutter and literally carve out the shape you want with a router **1**.

1

TOP TIP I once created a lovely worktop out of an old school laboratory bench top, made from seasoned teak. I cut capillary grooves to act as a drainer, cut the shape out for the butler sink, sanded and sealed the surface, and it was just perfect – and a bargain!

STONE WORKTOPS

If you decide to fit your own synthetic or natural stone worktops, you will need to provide blueprints' in the form of hardboard templates which the stone supplier will use as a cutting guide. Mistakes will be expensive, so if unsure call in a professional, who can also make the templates for you, but of course there will be a charge for the service.

FITTING WORKTOPS

When fitting pre-formed worktops, you shouldn't have to cut down the width unless you've had to reduce the depth of the base units, as the standard width corresponds to the standard depth of most base units. You will inevitably need to cut the worktop to length, using a clean, sharp hand saw (panel saw) or circular saw.

When cutting, always support both the cut length and the waste piece to avoid damaging the worktop surface **2**. For a straight cut, apply masking tape to the worktop as a guide (see Tommy's advice **C** opposite). Once cut to length, the worktops are fixed to the units by screwing through the support rails from underneath; use screws that will not penetrate through to the surface. It can be useful to clamp down the worktop when screwing, for accurate fixing.

2

3

4

5

6

joining worktops

A pet hate of mine concerns the means of joining two pieces of worktop together. You've just spent a small fortune on the kitchen of your dreams, and yet you're going to join the worktop together using an ugly joining strip! Not only is it potentially unhygienic, I think it spoils the look of the whole kitchen. Far better is to mitre the joints and join them together with bolts.

Special bolts can be used to connect two sections of worktop, normally two are used for each joint. Drill two holes and slots for each bolt opposite each other in the underside of the worktops, approximately 125mm (5in) apart, or purchase a special routing jig or template; with a router you can easily cut a shape to take the bolts. This jig will also cut the shapes to join the two working pieces together almost seamlessly **3**. Apply a bead of silicone mastic to one of the cut edges, then push the two pieces of worktop together, face down. Lay the special bolts in place across the joint, then tighten them up so the two sections are squeezed together as one **4**. Remove the excess mastic **5**, and wipe the joint clean with white spirit or turps **6**. Worktop cutting jigs or templates can be bought or hired, but if the job is too difficult, ask a joiner to cut the top for you.

TOMMY'S ADVICE

When cutting a worktop to length, mark a pencil line for the required length A and, before sawing, pre-score the pencil line with a sharp craft knife using a flat straightedge (such as a steel rule) B. Take great care not to injure yourself, as the surface is very hard and the knife could slip. Alternatively, apply masking tape to the surface where the cut is to be made C – marking with tape gives a clear line which will not rub off or slip, and helps to avoid breakout (splintering of the cut edge).

A

B

C

1

2

metal joining strips

If a joining strip is the thing for you, cut the aluminium strip to the correct width using a hacksaw, then screw it to the cut edge of the worktop. Apply a bead of white or clear silicone mastic between the strip and the corresponding edge of the worktop already in position **1**, then screw the worktop in place and clean off any excess silicone mastic. Worktop manufacturers also supply joining strips which are an approximation of the worktop colour **2**.

edging worktops

You will need to cover the exposed ends of the worktop with a piece of laminate to match the surface; this is normally supplied with the worktop. Apply contact adhesive to the back of the edging strip and the worktop edge **3**, allow for the recommended curing time, then stick the strip over the cut edge. When the glue has completely dried, carefully trim off the excess laminate with a craft knife **4** (or laminate edge trimmer) and file off any coarse edges with a fine file **5**. Some manufacturers supply laminate strips with heat-activated adhesive; these can be applied with a hot iron at the correct temperature **6**, then tidied up afterwards with a craft knife.

cutting down worktops

If a worktop has to be reduced in width, clamp a timber batten to the worktop to act as a guide for a circular saw **7** – this method can also be used if you want to smarten up a standard laminate worktop with decorative lipping. Cut off the pre-formed edge. (See page 29).

A front-edge lipping is normally made from hardwood to match your units, and can make an ordinary worktop look very stylish. Available as mouldings, lippings can be stained and polished or painted and lacquered. To fix, glue and pin to the front edge of the worktop **8**.

3

4

5

7

8

trimming worktops

When fitting worktops, the front edge overhang may vary from one kitchen to another, depending upon the thickness of the doors and drawer fronts, but a rule of thumb is 18–20mm (about ¾in). The base unit carcass is normally 570mm (23½in) deep, and given that the standard width for worktop is 600mm (2ft) this allows 10mm (⅜in) leeway for scribing (shaping) the back edge of the worktop to match undulations in the wall if it is not square.

Cut a scribing block from a piece of scrap wood to match the gap between the worktop and the wall at its widest point. Then, with the block and pencil in one hand, run the block across the worktop and along the wall, marking the contours of the wall on the worktop **9**. Remove the worktop, cut off the waste with a jigsaw, and pop the worktop back into place to give the perfect fit.

Finally, apply silicone mastic sealant to the back edge of the worktop where it abuts the wall **10**, to create a watertight seal... and job done!

9

a front edge overhang varies from kitchen to kitchen but is normally 18–20mm (about ¾in)

6

10

fitting a breakfast bar & island

I would be lost without a breakfast bar. I have had one since my first fitted kitchen, which was over 21 years ago. With the pace and informality of modern life, people often don't have the time or inclination to set out a formal dinner or proper breakfast table. Often everybody gets up, leaving and arriving home at different times, so a breakfast bar can be a godsend, especially if you have children or like to have friends around for a chat and a cup of tea.

BREAKFAST BARS

If you happen to have a large kitchen, or have opened up the room into an open kitchen-diner, then fitting an integrated breakfast bar is your best option. This is an area of the work surface that can be used as a casual eating place, and requires leg room under the surface for comfort and storage of seating. Include the breakfast bar in your overall kitchen design from the beginning, rather than as an afterthought.

MAKING YOUR OWN BREAKFAST BAR

A free-standing return run of base units is the best place to incorporate an extended worktop for an integrated breakfast bar. If the main kitchen area is fitted to two or three walls, a further run of base units can be fitted, returning at right angles across the room so that you 'enclose' the main kitchen area. And by not including top units to this final run, cooking and preparation can be

include the breakfast bar in your overall kitchen design from the beginning

1

2

3

4

5

6

carried out without anyone feeling excluded. You will need the same tools as for fitting a worktop (see page 72), plus a jigsaw and craft knife.

The back of the units will be revealed, so you will need to add panelling, either MDF or plywood: attach some 50 x 25mm (2 x 1in) timber battens to the back of the units by glueing and screwing them in three horizontal lines, then cut the panelling to length and pin it to the battens **1** – this will disguise the backs of the units and give you a nice finish, which you can paint, wax, or stain and varnish **2**.

fitting the worktop

Worktops for these types of breakfast bars are normally bespoke (granite, Corian, hardwood, tiled), but it is possible to create a breakfast bar from laminated worktops, which can be purchased in special 1.2m (4ft) widths and cut to suit your requirements. Cutting the laminate is where problems can occur: if you cut off the pre-finished, pro-formed edge, how do you finish it? You can fit a laminate edging strip with contact adhesive, or you could cut off the front pro-formed edge of the whole worktop and attach a lipping edge from either hardwood or softwood (see page 74 for both methods).

Cut and fix all the worktops into position before attaching the lipping. Avoid right-angled ends – try to shape the corners to avoid painful collisions and injury, especially with children. With this type of breakfast bar the normal worktop fixing procedure suffices: the top only needs to extend approximately 305mm (12in) over the units to provide adequate knee room for some stools, so it needs no additional support. Wooden worktops are normally pre-finished and don't require a lipping.

Use a jigsaw to cut the worktop to size. Shape the corners to a curve for safety, using a dinner plate **3** or clean paint tin as a template. Apply masking tape to the top of the drawn semi-circle **4**, redraw the line and cut away the surplus with a jigsaw **5**. Cover the sawn edge of the worktop using the laminate strip and contact adhesive supplied. Allow to dry completely and pare away the excess laminate with a sharp craft knife **6**, then lightly smooth the edges with a fine file.

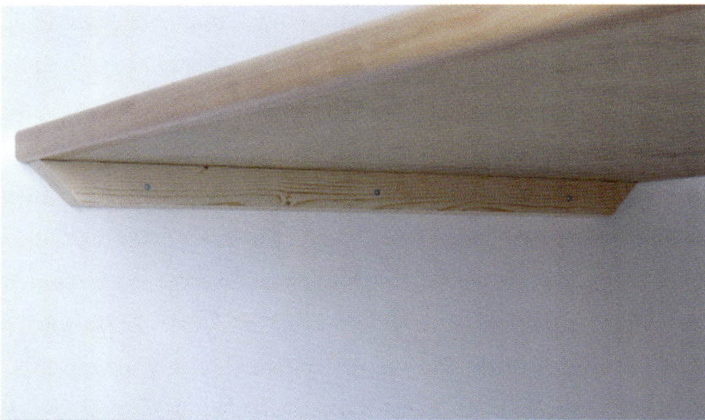

1

2

the height of a separate breakfast bar should really be set at the same height as the worktop

SEPARATE BREAKFAST BARS

Another way to create a breakfast bar is to extend the worktop past the end of the units, supported on a leg. This type of breakfast bar allows you to face each other first thing in the morning – if you think that's a good idea! Just attach a piece of worktop long enough and provide support with a chrome leg and socket kit.

A variation of this type in the form of a separate breakfast bar can be made by fixing a piece of worktop to a wooden batten attached to the wall so that it extends outward and is supported on a leg. Cut a wooden support batten 38 x 38mm (1½ x 1½in) to length, with 45° angles at each end so that the batten won't be visible when screwed to the wall **1**.

using a support leg

The height of a separate breakfast bar should really be set at the same height as the kitchen worktop. Buy a chrome leg and socket kit to support the worktop away from the wall, adjust it to the required height and attach it to the underside of the worktop. Glue and screw through the batten into the underside of the worktop **2**, and fix the leg base plate to the floor. Before finally fixing the worktops to the units, apply a bead of silicone mastic to the wall battens and unit sections that come into contact with the underside of the worktop.

making your own support leg

As an alternative to buying a support leg, you can make one from a square or circle of MDF or ply and a wooden post. The post could be square, in which case use a square top plate; for cylindrical, use a circular top plate.
A staircase newel post may make a good ornate leg.

The square or circle plate should be approximately 150mm (6in) square or in diameter, and should be

3

4

attached to the top of the post with glue and screws **3**. With the worktop propped in position, attach the post plate to the worktop with mastic and screws. Finally, check that it is level **4**.

TOP TIP Different materials can be used for a breakfast bar. For a modern look, you could cover a piece of plywood with stainless steel, or a slab of unusual stone – it's even interesting to see what you can find at a salvage yard that could be adapted for a work surface.

ISLAND UNITS

An island unit is a fashionable must-have in the modern kitchen, and is ideal for incorporating an integrated breakfast bar. All the wonderful kitchens pictured in bespoke kitchen brochures feature them. In all honesty, though, for these to work successfully you need to have a large kitchen, which means you may have to extend your existing kitchen. Islands can be tricky to fit but they are ideal food preparation areas, as they enable you to face your friends and family and join in the conversation while creating the greatest of culinary masterpieces.

MAKING YOUR OWN ISLAND UNIT

You can quite easily make your own island from standard units and a little imagination. Draw a plan on graph paper, remembering that the minimum acceptable space between island and the surrounding units is approximately 1.2m (4ft), which should allow the doors of opposing units to be open at the same time.

Make up the base unit carcasses that are going to form your island – you may have a large enough room to put two groups of units back to back. Create different height levels within the island by removing the adjustable legs of some of the units and attaching them to a split-level platform base made of plywood. Laminated chipboard sheets, MDF or tongue-and-groove panelling cut to size can conceal any unit back ends and make plinth covers. The units can incorporate open shelf units, drawer stacks or extra cupboard space.

fitting kitchen sinks & taps

I don't think people give their kitchen sinks and taps the high regard they deserve, considering how much time we spend by the kitchen sink (well some of us) during the whole of our lives. And really, you will be spoilt for choice as there is a huge range of styles available – check out the different designs on display in showrooms.

SINKS

You may hanker after the classic reproduction-style kitchen with a nice big butler or Belfast fire clay sink. These sinks can now be incorporated to suit granite and stone, beech or wooden worktops. This type of sink doesn't really suit laminate worktops, as it is difficult to effectively seal an exposed cut-out in such close contact with water. I have always been an advocate of fitting a large deep sink, since in my experience the kitchen sink is often used to do far more than just the washing up. In fact, my mother tells me that she used to bathe me and various members of my family of five brothers and sisters in the kitchen sink – I was much smaller at the time!

SINKS AND WORK SURFACES

The most commonly used modern sink is an inset sink. These sinks can be incorporated into any type of worktop, but are most usually fitted into a laminate worktop, which is a relatively simple procedure. Laminate worktops work very effectively with an integrated pressed sink and drainer, as an effective seal is easily made between work surface and sink edge. Probably the most efficient of these is the one-and-a-half bowl type made from pressed stainless steel, resin or enamel, which is readily available in a variety of colours and designs. Buy the best quality that you can afford, as it will pay dividends in the long term.

FITTING A SINK INTO A WORKTOP

Take great care in marking out where to cut on the work surface, and remember the old professional adage: measure twice, cut once. Place the sink upside down on the back of the worktop and carefully draw a line around the edge using a pencil or magic marker **1**. Remove the sink and carefully draw a second line 19mm (¾in) inside the first line, employing a straightedge to mark the inner

1

2

3

4

5

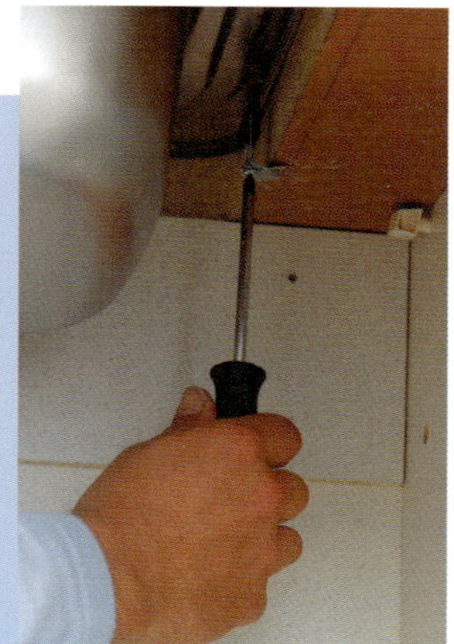
6

square. This provides the lip for the sink to rest on. You will need to cut out the worktop using a jigsaw. To provide access points for the jigsaw blade, use a 12mm (½in) bit to drill a hole through the surface at each of the four corners of the INNER square **2**. Then cut the worktop, starting at one of the four corners, using the correct jigsaw blade for cutting laminate **3**.

When fitting an inset sink to a wooden worktop apply exactly the same procedure as for a laminate worktop, but using the correct jigsaw blade. I wouldn't recommend cutting the aperture in a natural or synthetic stone worktop. Reasons? These two types of worktop are normally expensive and special accurate cutting tools are required. In addition, once the hole is cut out, there are only narrow strips left at either side of the sink. These are normally strengthened underneath with stainless steel rods set in resin, cut into a groove. With stone worktops normally starting around the thousand pound mark, I would strongly recommend leaving them to the experts.

TOMMY'S ADVICE

To prevent a cut-out dropping and breaking the laminate surface, use cramps with a piece of wood to support it from underneath.

Once the cut-out is complete, you are ready to fit the inset sink. To start with, seal the cut edge by brushing it with some diluted PVA **4**. Some sinks come with a gasket, a rubber seal, which has to be positioned between the worktop and the sink edges, and is compressed, like the filling in a sandwich, to form a watertight seal between the worktops and sink. Fit this around the edge of the sink **5**, then cut off any excess. Insert the sink into the worktop and attach the securing clips from the underside. Tighten up the clips with a screwdriver **6**, which will tighten the sink down onto the gasket.

Most plumbers, however, prefer to use a heavy bead of silicone mastic, rather than a gasket; as with the gasket, the mastic must be put in place before you insert the sink.

7

Apply a heavy bead of silicone mastic around the edge **7** to ensure a watertight seal. Wipe off the excess silicone, then wipe the join clean with a cloth impregnated with white spirit.

There you have it; a fitted inset sink, and I wish you many happy years of 'hands that do dishes that are soft as your face'!

TAPS

Taps are the bane of my life: they all seem to work differently, and I have had more than one or two problems as a result. Maybe it's because I'm tall, but embarrassing situations have occurred. Take for instance the situation where you have an important meeting, whether it be business, friends or acquaintances. At some time you are bound to have to wash your hands and come into contact with a tap. You turn it on and a torrent of water splashes out all over you (it's funny how water in a sink can bounce up and gravity force the splash to land right where you don't want it!), and you then have to return to the meeting with an unwanted damp patch.

SELECTING TAPS

So when selecting taps for your new kitchen, bear in mind that you are not the only person who is going to use them. Some taps are easier to use than others, but this is subject to personal preference, so my advice is to check out a wide range of different designs on display in showrooms and find a set that suits you; after all, you will be using them for many years to come. If your water pressure when turning on the tap appears to be low, check that the mains stopcock is fully open. Alternatively, if the mains water pressure is too fierce, close down the main stopcock to reduce the water pressure, thus reducing the chance of embarrassing accidents in the future.

To avoid a big headache I strongly recommend attaching all the necessary plumbing components (taps, waste system and overflow) before you install the sink, as it's extremely difficult to fit them once the sink is in place.

Some people still prefer to have individual pillar taps, but these days most people fit a mixer tap to their kitchen sink, which combines the hot and cold supply into a single stream. But undoubtedly the best tap system for the modern kitchen has to be the swivel tap. If the mixer has a swivel spout, this allows a bucket to be filled much more easily and, using the tap's integral mixer, at the desired temperature.

If you are installing separate taps, remember to position the hot tap to the left and the cold tap to the right – the same rule applies to the mixer controls. Because a kitchen mixer has to supply drinking water from the mains, and the hot water comes from a hot-water storage tank or combi boiler that supplies the entire house with its hot water, the sink mixer has separate waterways within in it to avoid any possibility of contamination to the fresh water supply. This keeps hot and cold water sources apart until they emerge from the spout. Sink mixers are now available with an additional hot rinse spray for washing food scraps off the dishes before you pop them into the dishwasher.

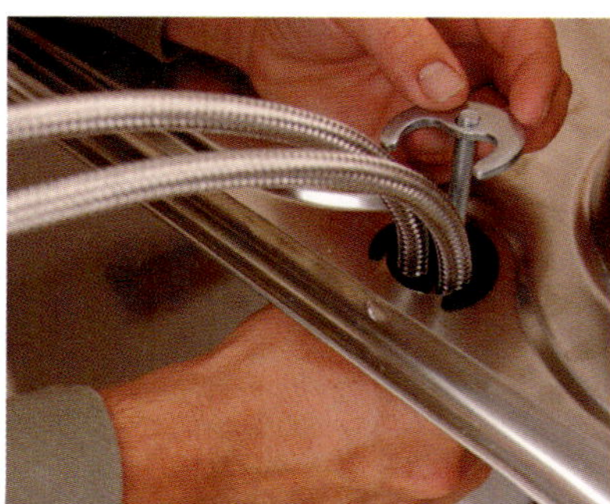

1

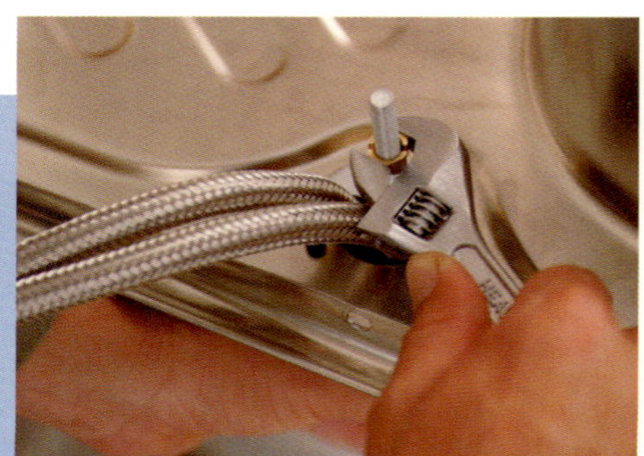

2

3

4

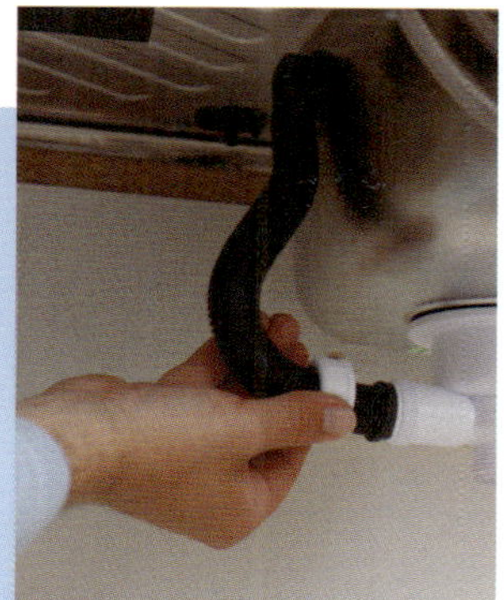
5

attach all the necessary plumbing components before you install the sink

ATTACHING TAPS

It is better to fit the taps before you fit the sink into the hole you have cut (see previous page). To attach the taps or mixer to the sink, first turn the sink upside down, then insert them into the hole, slip-on a top hat washer **1** and tighten up the back nut **2**.

Next, connect the waste outlet to the sink. Apply a seal of Plumber's Mait or silicone mastic around the sink outlet hole, put the waste fitting through the hole and bed the rim in the mastic **3**. Connect up the waste back nut and washer, and remove any excess Plumber's Mait or mastic from around the waste **4**. Attach the overflow to the main waste **5**. Connect to the rest of the waste system **6**.

Now fix the sink into place (see page 80), and finally connect up the water supply to the taps or mixer. Flexible tap connectors are a clever design innovation, making it easier to connect the taps or mixer to the supply pipes. The design allows the connection to be made easily, even when the supply pipes are slightly out of alignment.

6

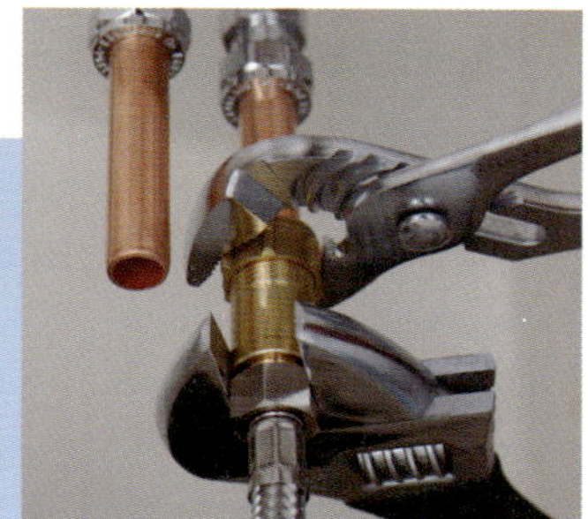
7

Mixer taps are supplied with two small-bore copper tailpipes, which screw into the base of the taps and connect to the supply via a compression joint reducer, which is used to connect the 15mm (5/8in) supply pipe to the 8mm (5/16in) mixer tail **7**. Again, connect up the supply pipes using flexible tap connectors.

TOMMY'S ADVICE

I know this may be stating the obvious, but attach the correct supply pipe to the correct tap in order to avoid any mistakes. Using a black permanent marker pen, I write 'hot' and 'cold' on the appropriate supply pipes.

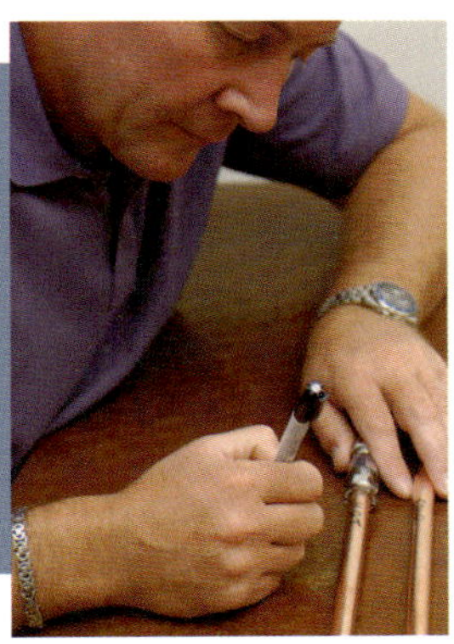

TOP TIP It is now a mandatory requirement to fit isolating valves to both of the supply pipes, at an accessible point close to the sink mixer or taps. If you ever have to change a washer, repair or replace the taps, you will only have to turn off the isolating valves to make the repairs rather than the whole water main system.

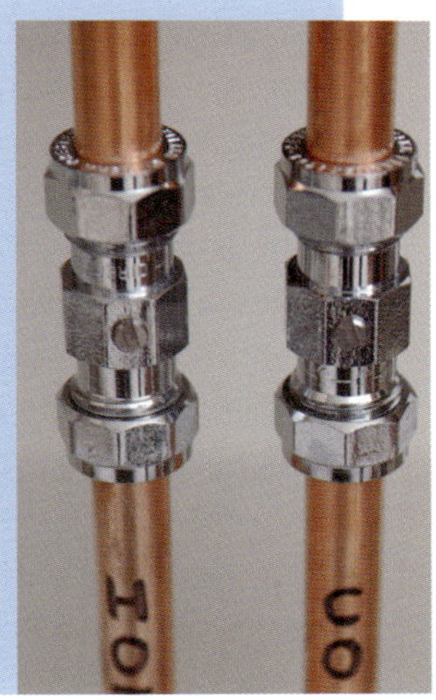

kitchen appliances

What must it have been like in Victorian times, without washing machines, fridges, freezers, dishwashers, tumble driers, extractors, hobs and ovens? We've never had it so good! Modern appliances in many ways have liberated us all, allowing menial chores and tasks to be carried out automatically and efficiently by machines in a fraction of the time it once took!

WASHING MACHINES

The most commonly purchased washing machine today is an automatic front-loading machine. All the various manufacturers have standardized the size of washing machines, so one now fits snugly into any fitted kitchen below any work surface. If you are lucky enough to have the luxury of a utility room, washing machines are perfectly fine standing alone, or stacked with a tumble dryer above. Stack units are available to buy as flat packs, or you could build something yourself from wood, to incorporate both the washing machine and tumble dryer in a stylish housing unit. If you do have a utility room you might also want to consider buying a top loader washing machine, which has a larger wash load capacity; however, these machines cannot be incorporated into a stack system.

CONNECTING

Once the washing machine has been carefully unpacked, your first task is to read and thoroughly familiarize yourself with all the manufacturer's instructions.

When positioning your washing machine, bear in mind that for the machine to operate correctly there needs to be sufficient water pressure. An ideal position, therefore, would be fairly close to the mains water feed into the kitchen sink, which is normally where the water pressure in a house is at its most powerful. This position also makes it easier to extract the dirty water from the machine, since it is also located close to the kitchen waste system.

For the washing machine to perform at its peak it also needs to sit level and plumb. If the floor is uneven, make a platform out of 25mm (1in) marine plywood, level it with packers then screw it to the floor.

A new washing machine is supplied with two inlet hoses – a blue one for the cold water supply and a red one for the hot water. These hoses must be connected first to outlets on the back of the machine, then to the washing machine valves which are attached to the water supply **1**. These are colour-coded so mixing them up shouldn't be a problem.

Some washing machines are single-supply (cold water supply only) – here, the installation procedure is the same as for a dual-supply machine, except this type of machine has to heat its own water, which means each washing cycle takes longer to complete and it is more expensive to operate in the long run.

On the back of the machines the attached waste pipe is shaped at the end like a hook. This needs to fit loosely into a plastic stand pipe attached to a deep-seal trap **2** – most plumbing suppliers sell the stand pipe, trap and wall fixings as a standard kit. The hooked shape waste pipe from the washing machine is only loosely attached so as to avoid soiled water siphoning back into the machine.

1

TOMMY'S ADVICE

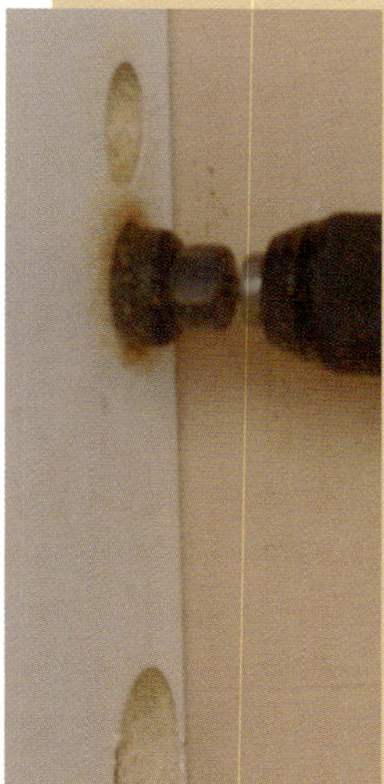

If you are fitting washing machines and dishwashers into a bank of integrated units, you will need to cut access holes in the backs and sides of units to thread through hoses for the hot and cold water supply and waste pipe. Carefully measure and mark the position of the holes with a pencil and square. Cut the holes using cabinet cutters in the end of a drill – these cutters are available in all tool shops and DIY stores, are cheap to buy and easy to use, and always give a clean and tidy cut.

There is another way of connecting the machine waste pipe to the kitchen waste trap, provided the trap has a spigot (or you could replace the existing sink trap for one with a spigot). To avoid the foul water siphoning back into the washing machine, fit a device called an in-line anti-siphon valve **3**. This valve fits in the machine outlet hose line, and is connected with hose connectors at each end of the valve.

Before you finally position the machine, turn on the power and water supply to check that there are no leaks and the machine is functioning correctly. Now this is the tricky bit coming up, where you need an invisible pair of hands to lift and pull the machine into position from behind, in the meantime avoiding snagging the power lead or kinking the waste hose. Take your time over this and get somebody to help you lift the machine into position.

Special note: beware of flooding from your machine, especially if you are living in a block of flats or a converted building, as washing machines and dishwashers emit a large volume of water each time they are used. If your washing machine has a fluff filter' which needs to be cleaned regularly, make sure you replace the filter properly, or flooding will surely result!

DISHWASHERS

Used correctly, a dishwasher can bring about labour-saving benefits and an increased level of hygiene, as it washes crockery and cutlery at a much higher temperature than is possible in a washing up bowl. Include extra crockery and cutlery storage space for the extra crockery and cutlery that you will need in order to run a dishwasher effectively. There are smaller, worktop dishwashers, but you can run out of cutlery and crockery waiting to get a full load, by which time food stains have become encrusted.

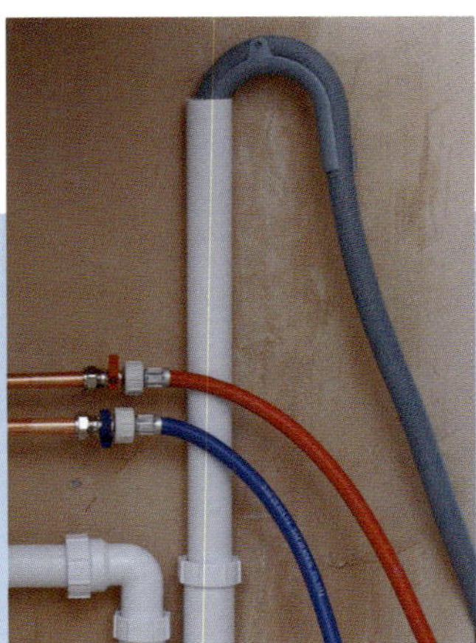

2

3

The space behind a dishwasher is even less than that at the back of a washing machine, and requires the machine to be perfectly level and plumb. It also needs to be close to the mains feed and kitchen waste system.

A dishwasher is installed in very much the same way as a washing machine, with the electrical connection preferably made via a socket spur, linked to a neon light on/off switch at work surface level. I recommend a qualified electrician does this. A dishwasher requires a single, cold-water supply feed. The hose connector will be colour-coded blue to match the valve, and the waste system is connected in exactly the same way as for a washing machine.

COOKERS AND HOBS

CHOOSING A COOKER

We are definitely spoilt for choice when it comes to choosing a cooker. There's always been the free-standing cooker, complete with either single or double oven, and four or more cooker rings, and either a top eye-level grill, or integrated grill and oven combination. Very popular at the moment are the big range-style cookers **1**, a design based on that of a commercial cooker such as you might find in a restaurant. It usually comes in stainless steel, but is now increasingly being produced in various colours, like Agas. It's a type of cooker that might suit a large family, or somebody who does a lot of entertaining.

range cookers

The Aga is a name that has become synonymous with classic range cookers. These Aga-style ranges (and there are many manufacturers) are fine in the right situation, and provide plenty of extra heat for the house but there are a couple of drawbacks: the ovens are small and the heat control isn't exactly instant. The manufacturers have attempted to address this problem by creating an additional section to the classic range which incorporates a modern oven and rings, but for these you need an even bigger kitchen! Semi-professional range cookers are also available on the market,

free-standing versus built-in

Most people, however, select either a free-standing cooker or a built-in one. This type of unit is designed to be installed in a fitted kitchen, whereas the free-standing cooker can be installed in either a free-standing or a fitted kitchen.

I find a slight personal conflict when I try to decide on the type of cooker I prefer. Aesthetically, a low-level cooker would probably edge in front. In practical terms, however, I would have to say that a high-level built-in oven wins hands-down every time. The whole cooking process is carried out at eye-level, so it's much easier to monitor. And the grilling of food (my lovely bacon butties!) is much safer at eye level than at low level when the door needs to be left open – especially if kids are about. With further regard to safety, hot food, such as heavy roast joints, can be handled much more safely with a high-level oven, and of course it's less of a strain on the back! I've had all the various options in my own home, and I have to say the eye-level grill, waist-level oven, and separate hob **2** were the most practical and looked good!

FITTING YOUR COOKER

COOKER SUPPLY

The power supply to the cooker must be via a circuit of $6mm^2$ or $10mm^2$ cable (depending on the cooker capacity and requirements). This circuit is connected directly to the consumer unit with its own 30 or 45 amp fuse.The circuit is controlled at the cooker by a double pole isolating switch. Large cookers up to 18kw must use a $10mm^2$ cable, protected by a 40 amp MGB. A fuse must not be used if the cooker control unit incorporates a13 amp socket.

If you are particularly proficient at electrics, you may feel able to connect up an electric cooker but you must have the work checked by a professional before using it. A gas cooker can only be connected up by a qualified CORGI registered, gas fitter to comply with the law.

With any newly fitted kitchen, I always recommend fitting any built-in appliance via an electrical spur. This enables the appliance to be wired into the system without using a conventional plug, so the on/off switch is at work top-level. The space behind an appliance is minimal and if you have to plug it into a socket, this will often restrict you from aligning the appliance with the unit. The electrical spur is usually positioned at a low level behind the appliance, with the controlling switch positioned amongst a bank of sockets between the worktop and top cupboards.

FITTING A BUILT-IN OVEN

A built-in oven is often designed to fit into a purpose-made base unit. The base unit will come pre-fitted/supplied with horizontal/vertical runners.The oven is normally supplied with two corresponding sliding runners attached to the oven housing and you simply slide it into place. To prevent the oven from moving, fix it in place with at least two securing screws or brackets. If you need to gain access for whatever reason, simply unscrew them and slide the oven out again. Integrated ovens cannot be fitted into an ordinary gap. A base and two sides are required, so you must either buy an oven housing unit or make one.

FITTING A HOB

Fitting a gas or electric hob is carried out in much the same way as for a kitchen sink (see page 80), by cutting a hole in the work surface in which to place the hob. Instructions will state the desired dimension of the aperture and a paper template is sometimes supplied with the hob. Beware! DO NOT simply draw round the hob or you may see it disappear into your worktop! It might seem like stating the obvious, but you must leave a 19mm (¾in) lip all the way around for the hob to sit on. So if you do draw around the hob, you must then draw a second guideline 19mm (¾in) within the first. Anchor clips are normally supplied to secure the hob to the worktop. Before fixing the anchors, apply a bead of silicone mastic either to the underside edge of the hob or to the work surface where the hob will sit. Tighten the anchor clips, then clean off any excess adhesive immediately. Any mess can be cleared up with white spirit.

TOP TIP Always double-check the instructions to ensure you position a hob at the correct distance from the front and rear edges of the worktop. For safety's sake, there should be a minimum distance of 600mm (24in) on either side of the hob. Leave space for any connections and enough space for pots and pans to sit safely on the front and back cooking rings. There should also be a good working distance from any tall unit or corner.

Read the instructions for your oven to see if a special void area for pipe or cable runs has been incorporated. If this is the case, the pipe or cable runs, when attached to the wall, will fit in at the back of this appliance.

1

2

EXTRACTOR FANS

CHOOSING YOUR VENTILATION

Cooking, making a cup of tea or coffee, turning on the hot tap for the washing up, the washing machine constantly on the go. All these tasks which are regularly performed in the kitchen create water vapour, which can lead to lots of condensation. So ventilation must be a consideration in any well-designed and well-fitted kitchen. Of course, you could leave the windows open all day, every day, which is fine in summer but isn't such a hot idea in the winter!

If you find it impractical to create plenty of natural ventilation through an open window, you could consider what is known as a perma-vent. This is a non-electrical fan cut into a window which allows a constant circulation of air to flow naturally, albeit slowly. The best solution is to add an electrically-driven extractor fan, to work in conjunction with the perma-vent or open window. The principle behind the extraction fan is to suck out and expel moisture-laden air and strong cooking smells to the outside, causing a vacuum within the room which draws fresh air in from outside through the perma-vent or the open window. (The fan works better if you install a perma-vent). Wall-and window-mounted fans are fitted primarily for general, non-specific air extraction, but the most effective way to get rid of steam – and the dodgy smell of those kippers – is to fit an extraction hood designed for this purpose directly over the cooker.

CHOOSING YOUR EXTRACTOR FAN

There is a range of extractor fans to choose from, but the most common choice in recent years is the cooker hood. There are three principal types of cooker hood systems:

- **Recirculation hood:** The simplest version and easiest to fit. This returns the air back into the room through a charcoal filter (a sort of recycling).
- **Extraction hood 1:** This works by sucking steam and cooking smells through ducting in the wall to the outside, immediately behind the cooker hood.
- **Extraction hood 2:** This is a slightly different type of extraction hood, which works by sucking air to the outside via sections of trunking. This is practical where the cooker is not installed against an outside wall.

Recirculation works by recycling the existing air: sucking it in through the hood's integrated charcoal filter, which effectively cleanses the air, before sending it back into the room. The downside of a recirculation hood is that it does not expel moisture from the room, and it won't neutralize all of the cooking odours and grease. And for any cooker hood to work at peak efficiency, it is absolutely essential to change the filters regularly. On the upside for recirculation hoods, they are relatively easy to install and may be a good compromise from a DIY point of view.

FITTING YOUR EXTRACTOR FAN

The two most common methods of fixing a recirculation hood are to anchor the hood to the wall like a cantilever, or to screw-fix it between or beneath fitted kitchen wall units. You can also buy hoods that are specifically integrated into a cooker hood housing unit to match the rest of the kitchen. These hoods automatically switch on when opened, as does the integral light illuminating the hob or cooker below.

First, read the manufacturer's instructions carefully – then read them a second time. They will give you the minimum required height for fixing the hood directly above the hob or cooker. The normal height for fixing the hood is between 600mm (2ft) and 915mm (3ft) above a gas or electric hob or cooker. Measure this distance up the wall

1

2

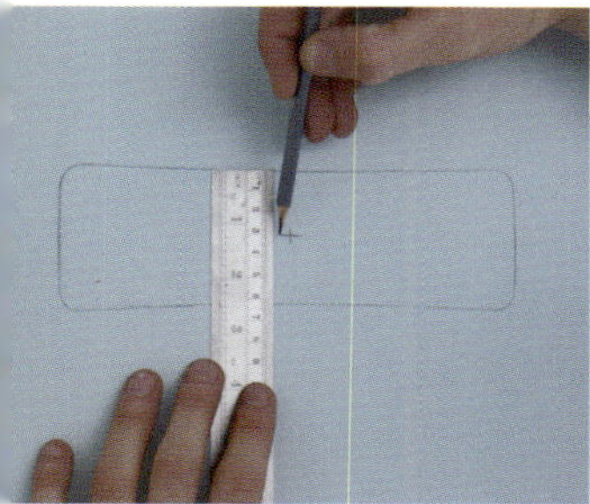

3

4

5

6

7

and draw a guideline. A paper or card template is normally supplied with the cooker hood as the perfect guide for positioning the hood. Attach this template to the wall, with the bottom edge along the guideline, and mark through the necessary fixing points **1**.

Drill the fixing holes and insert wall plugs, (a fixing kit of screws and plugs is normally supplied with the cooker hood). Screw the retaining brackets securely into position, then place the hood on the brackets, ensuring that it is perfectly centralized above the cooker or hob.

TOP TIP Getting the hood exactly central can be tricky, but here's a sure-fire method. Using a pencil and spirit level, draw a vertical line on the wall at the exact centre of your cooker or hob. Now put a bit of masking tape at the centre of your hood, and draw a pencil line on the masking tape to denote the exact centre of the hood. Match this line with the pencil line on the wall 2 and you will be spot on with your position.

Add any further fixings required to stabilize the hood and connect it up to the electricity supply. This is a relatively simple connection to make, but if you are uncertain call in an electrician. Lastly, you will need to fit the charcoal filters before operating.

CONCEALED TRUNKING

Once the hood is in position, you could add concealed plastic trunking Instead of filters. The different components simply plug into each other to form a continuous vent duct. The trunking is fire-resistant and normally runs along the top of the wall units out of sight behind the cornice. Most manufacturers stamp arrows on the trunking components, to ensure each component is positioned correctly in order to avoid restricting the air flow, thus reducing the effectiveness of the extractor.

To cut the hole in the masonry, carefully draw around the trunking on the inside of the wall **3**, marking the centre. Using a long 6mm (¼in) masonry bit, drill a pilot hole from the inside through to the outside **4**. Now mark a vertical and horizontal line across the pilot hole, on the outside, with a spirit level. This will allow you to offer up a piece of ducting on the outside **5** and mark around it with a pencil. The reason for all this palaver is that any flue or duct holes should always be cut from the outside in, rather than inside out, in order to avoid damaging the masonry of the property. Drill a series of holes to match the circumference of the duct, using a masonry bit. This will enable you to break out the masonry much more easily with a club hammer and bolster or cold chisel. Push through the ducting from the inside **6** until it is flush with the brickwork; finally attach the plastic grille supplied **7**.

TOP TIP If you want to be really clever, go to your local hire shop and hire a heavy-duty rotary drill with a diamond-edge core cutting attachment to match the ducting size. This equipment makes a lovely, clean, perfect aperture every time. But beware! It can have a kick like a mule, so ensure you have a safe and practical platform to work from when using this equipment.

fitting & adjusting doors

With all the kitchen units in position, both base and wall units, and all the drawers assembled and fitted, and with the worktops, sinks and appliances complete and in place, now is the time to fit the doors before moving on to the finishing touches.

FITTING DOORS TO UNITS

HINGES

Carefully open the door packaging, and leave the cardboard in position on the workbench while working on your door for added protection against damage. First, attach the hinges to the pre-machined positions on the door. You'll find there are two tiny indentations either side of the hole, indicating where the screws should go. Carefully pilot the holes, using a very fine drill – make sure you don't go through the face, or the door is ruined! I would recommend using a bradawl to create shallow guide holes for the screws. Push the circular part of the hinge into the large hole in the door **1** and screw home the screws with a hand screwdriver or a little electric palm screwdriver. With the hinges fitted, attach the hinge mounting plates to the pre-drilled positions on the side panel of the unit **2**, but make sure you do not overtighten these screws.

The hinge mounting plates can be attached to the cabinet while still connected to the door hinge, or separately, with the hinge clicking into place over the hinge

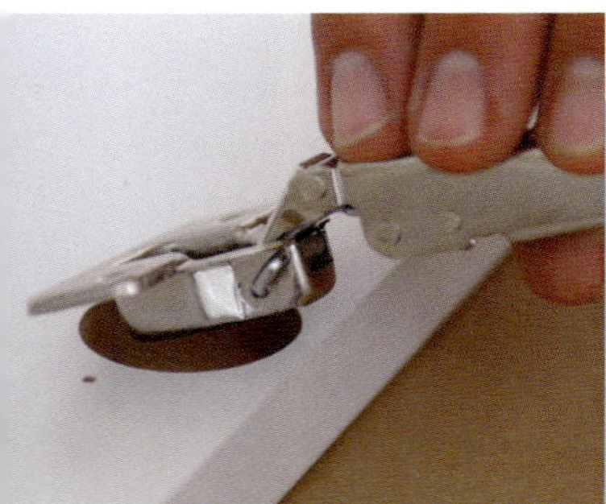

1

2

3

4

5

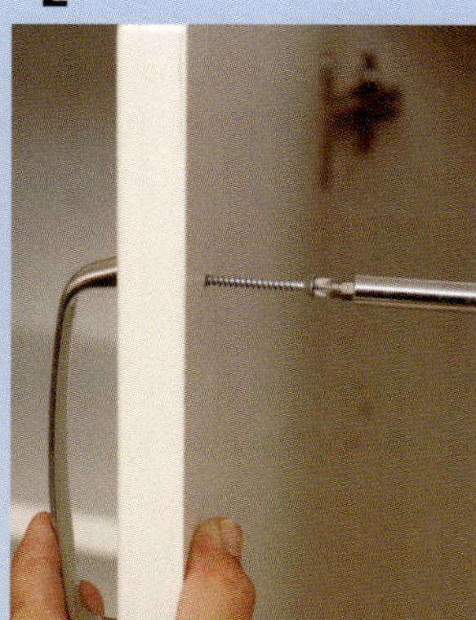

6

7

a certain kind of patience and logic can be extremely useful at this stage

plate. If you need to adjust the door height, this is done by slackening off the hinge plate fixing screws **3** and moving the hinge plate up or down as necessary, then re-tightening the fixing screws. Horizontal adjustment is achieved by tightening or loosening the front screw on the hinge arm.

Final adjustment is via the screws at the back of the hinge arms **4**. These should be adjusted if the door isn't sitting flush against the cabinet. Loosen the rear screws on both the top and bottom hinges, reposition the door and retighten. A certain amount of patience and logic can be extremely useful at times like this.

HANDLES

The door handle positions should be visible by one or two tiny indentations on the door on the opposite side to the hinge. Hold a scrap block of wood against the face of the door **5** to make sure breakout doesn't occur when the drill bit pushes through. Align the door handles and screw the bolts in from the back of the door **6.** Squeeze an extra quarter-turn on the screwdriver, to create a tight fit and prevent the handles falling off after the first ten minutes. Now admire your handle **7**.

AND FINALLY

The last little job, is one that will be of real benefit when you awake with one of those particularly painful red wine headaches, so bad that whenever a door springs back closed, the bang reverberates around your head like an explosion. A brand-new invention is a silent door closer **8**.

8

9

TOMMY'S ADVICE

How do you keep curious children out of drawers and cupboards? Fit locks for their safety and your sanity . Also available are cooker guards and fridge locks. All are very simple to attach and operate.

When you screw one to the edges of the door the mini hydraulic movement within silently pulls the door closed – a work of wonder!

You may also find, in the bag of goodies sent with your flat-pack, a sheet made up of individual little rubber blobs – these are door buffers. Peel off the backing and stick two to each cabinet, top and bottom, or to the back of the door **9**. Now the door will shut silently!

finishing touches

As a general rule when doing any refurbishment or DIY work, always try to start at the top and work down. Finishing touches to a kitchen are no different in that respect, so we'll start with the cornice on the wall units and work down to the plinth on the base units.

CORNICES AND PELMETS

CORNICE

A cornice is a feature that is attached to the top of a run of wall units after all the units have been fitted. It is purely decorative, and its only practical function is to conceal the cable runs, light fittings for up- and downlighters and extractor fan ducting. Cornice is normally purchased as an extra when you buy your kitchen. Be aware that the finishing touches to a kitchen can be expensive, so plan carefully when cutting and fitting.

fitting the cornice

The longest length of cornice is the first one to be cut and fitted, but if possible cut the return from the same or similar length to try to reduce colour shade and grain variation. One or both ends will need to be mitred – a 90° angle will require a 45° cut at both ends. I always mitre one end of the longest length of wood, leaving the cornice slightly longer than required, then offer it up and clamp it in place, which enables me to mark the second mitre accurately.

be aware that the finishing touches to a kitchen can be expensive, so plan carefully

The best way to cut mitres is with an electric mitre saw **1**, which is a very useful tool for most home-improvement jobs and can be purchased cheaply from tool shops or DIY stores. If using an electric mitre saw, be sure to read the instructions and safety rules very carefully, and practise with the tool on scrap wood until you feel competent – make sure you don't cut through any nails or

1

2

3

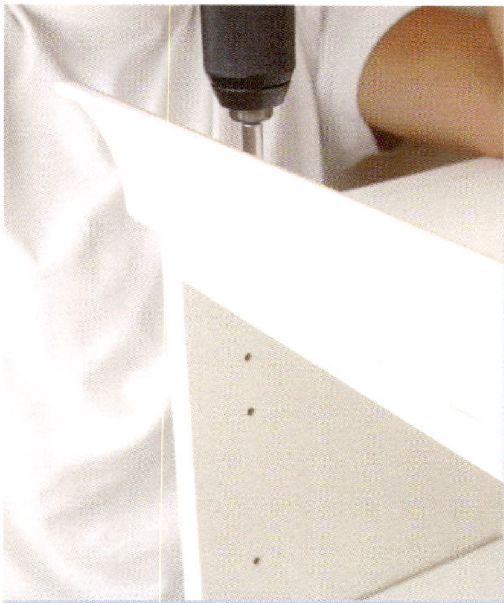
4

5

6

screws when using old wood, or you'll mess up the blade. For people who feel frightened or unconfident using an electric mitre saw, a manually operated mitre saw is available, but is a lot slower **2**.

It is very important that the mitre is cut accurately so that there are no gaps. A badly cut mitre means cutting another piece, so test your mitres against an accurately cut square block of wood before fixing to the cabinet **3**.

Align the cornice carefully with the top front edge of the wall unit, flush with the cabinet face, and clamp into position. Drill pilot holes and screw it into place using the correct length screws to avoid breaking through into the cabinet **4**. Apply PVA adhesive to the mitre face of the return cornice, then screw it into place **5**.

TOP TIP If you have fitted any sort of lighting on the top of the wall units, you may need to apply a mastic seam to the back of the cornice to prevent light shining through any tiny gaps between the cornice and wall unit.

Unless the cornice is made from plain, unfinished wood you will not be able to disguise a poorly fitting joint by rubbing it down with sandpaper, but you could try tinting stained or varnished wood with a piece of matching coloured wax, or maybe a coloured marker or crayon, practising on a scrap piece first. You could also try using coloured silicone sealant to disguise a gap – in fact, anything that works for you. One thing I can assure you, however: if you make a poor job of the mitres, they are the first thing your eyes will be drawn to every time you walk into the room.

PELMET

Like cornices, pelmets are normally just a decorative feature, concealing any undercabinet lighting and wiring. A pelmet is mitred and clamped into position much the same way as a cornice is fitted **6** (see above). Once again, apply a mastic bead to the underside of the pelmet and cabinet joint if you are planning to fit lighting.

TOP TIP A very clever instant glue and catalyst kit called cyanoacrylate is available for fixing mitres without the use of mitre clamps, which may damage the cornice. Spray one of the two mitred cuts to be joined with the aerosol spray, add a few tiny drops of the glue to the other, then put the two together – be accurate, because the bonding is instant – and then attach the made-up section to the units.

END PANELS AND PLINTHS

END PANELS

End or decorative panels are yet another optional extra, available in shades and grains to match the kitchen units. They are normally used to conceal the end views of wall and base unit carcasses. Panels should be supplied a bit wider than the typical depth of wall and base units, to allow for scribing the panel so it fits any slight undulations.

fitting the end panel

Level the panel and clamp it into position, then measure the distance the panel is projecting past the carcass **1** and cut a small block of wood to this measurement. Hold the block with the pencil against the panel and the wall with one hand, and then slide the block and pencil together down the wall **2**. This method will give you the exact profile to allow you to cut the panel to fit perfectly. Make this shaped cut using a jigsaw with the correct blade for laminate (fine-tooth, fine cut) to avoid breakout.

Next clamp the panel into position and screw it from inside to conceal the screws **3**. As ever, make sure you use the correct length of screws so they don't break through the face and ruin all your good work. Finally, apply a bead of decorating mastic to the joint with the wall and panel, and wipe off with a damp sponge **4** – such a good fit, it'll look like it's always been there!

As an alternative to screw-fixing the panel, it could be glued and clamped into position, but I screw it to make a stronger end panel for worktops or a breakfast bar.

1

2

3

4

PLINTHS

The purpose of a plinth is to provide both a decorative and practical finish to the bottom of the base units. The legs are concealed behind the plinth, which prevents food scraps and spilt liquids from building up under the units. The beauty of using plinths is that a proportion of the kitchen floor will be hidden. This means that you only need to lay tiles up to the legs of your base unit, which will save you some money.

Plinths are normally supplied in standard lengths, with brackets and clips to attach them to the unit legs. The standard height is 150mm (6in), which to my mind may be a bit tricky if the floor is not level (see page 59) – and to be fair, how many floors are? For the moment let's assume the floor is level, so measure and cut the plinth to length.

fitting the plinth

Lay the plinth face down on the floor adjacent to the front edge of the units. Using an adjustable square, mark two lines onto the back of the plinth to match each of the leg positions **5**. Position a clip between the two lines, then use a bradawl to start the hole and screw the clip in place using the screws supplied. Repeat this process with the other clips and legs. Clip the plinth into position by pushing each clip over the corresponding leg **6**. As an

5

6

7

8

9

10

extra, you can use a sealant strip to fit over the bottom of the plinth **7**; this protects the plinth from spills and water damage, and prevents anything slipping under the units.

When fitting an internal corner, cut one length of plinth a couple of inches longer than you need and offer it into position, then offer the second length into position and mark along the back edge where they meet **8** – it may be difficult to mark the back edge, so mark the front edge then measure the width of the plinth and mark another line, behind which the batten should be attached.

Glue and screw a piece of wooden batten to the first length of plinth **9**, then screw the second length of plinth to the batten to create a solid corner. Screw through the batten into the back of the plinth to conceal the fixings **10**, then simply pop the two pieces onto the legs as one.

Always try to set out the plinths so that any exposed cut ends are not visible; matching laminate strips are available for gluing to any exposed ends with contact adhesive, but it's not always easy to find a perfect match, so it's better to plan carefully, rather than trying to rectify mistakes.

kitchen lighting

Lighting is now recognized as being one of the most important ingredients in creating the perfect kitchen. Different methods of lighting the kitchen have burst on to the scene in abundance; some of these systems may be expensive, but it is possible to create the right ambience without breaking the bank.

STYLES OF LIGHTING

Thinking back to my childhood, we originally had a single hanging bulb, and I recall when my father renovated the house, he replaced it with the most modern and stylish of light fittings for the kitchen. It was a circular fluorescent tube incorporated into a fragile fitting, with a very ornate glass cover. I remember that light unit well because it became a topic of conversation whenever relatives visited. It used to give out an eerie blue light, and I was warned off playing games anywhere near it, as the replacement tube alone cost half a week's wages. This lighting was eerie and harsh, and made the whole room appear very cold and unwelcoming. As a result, few people ever stopped to socialize in the kitchen.

Getting the lighting right is important for any room, but particularly the kitchen. Obtaining the perfect lighting for a kitchen requires, I believe, a mixture of three or more of the different categories on offer. For example, it would be practical to have a central/overall lighting system, so that when you switch on the main light upon entering the room, everything is well illuminated **1**. This central lighting could come from a conventional pendant light, which is the most common fitting used and normally consists of a simple bulb holder with a shade at the end of a flex.

For something a shade more stylish (excuse the pun) you could select a close-mounted ceiling light. This is a fitting which is screwed directly to the ceiling without a

1

2

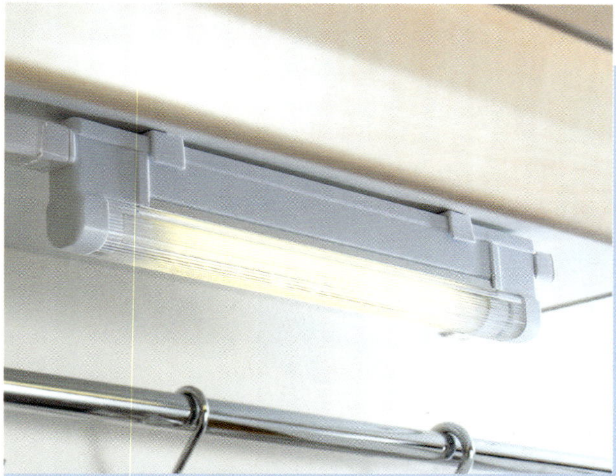

3

4

ceiling rose. Another alternative could be a fluorescent light fitting; this consists of a coated glass tube containing mercury vapour, and works through the electrons flowing between electrodes at each end of the tube, which bombard the internal coating, causing it to fluoresce and produce a bright light. There are different types of coating used on these tubes, which make the light appear warm or cool, known as white or daylight. These light fittings are normally mounted directly onto the ceiling because the tubes produce minimal heat. Fluorescent lights are also very useful as secondary lighting when fitted to the underside of top cupboards over kitchen work surfaces.

Recessed ceiling lights are another alternative. Here, the lamp housing is recessed into the ceiling void above, with the diffuser either sitting flush or projecting slightly lower than the ceiling **2**. These light fittings are particularly useful for rooms that have low ceilings, and are generally referred to as downlighters. Another popular type of lighting is the track light system, which consists of two or more individual light fittings attached to a metal track, which is screwed either to the ceiling or wall. Multiple lights can be fitted to the track and directed to focus illumination on certain elements of the kitchen.

Secondary lighting, in the form of under-lighting and/or overlighting in wall units, creates an ambient effect to suit a certain mood, say after the cooking has been done and you are sitting down to dine, with the kitchen discreetly backlit. There are three different types of light fitting to choose from for secondary lighting: fluorescent lights, strip lights **3** and low-voltage light fittings **4**. To complete your lighting experience, I would also recommend installing a dimmer switch (although not for fluorescent fittings), which allows you total control of the lighting at your fingertips.

5

6

Clever, innovative variations are being introduced all the time, such as wedge light units **5**, designed to fit the angle between wall unit and wall, which direct the light at an angle, as opposed to straight down. If you don't have a cornice at the top of your units you can attach small lights to beam down on specific areas **6**.

LIGHTING SYSTEMS

LOW-VOLTAGE LIGHTING

In recent years a system of lighting, called low-voltage halogen lighting, has evolved as a popular choice for domestic use, particularly suited to kitchens and bathrooms. With a running cost of approximately 25 per cent that of normal systems, and lamps that last much longer than conventional ones, it was originally designed as a cost-effective alternative for commercial use in displays that require a lot of bright lights. This system was quickly adapted for the domestic market, as the benefits were plain to see: reduced risk of electrocution due to the low voltage, cost-effectiveness and the impressive results of the lighting itself. On the down side, a low-voltage transformer has to be incorporated into the system, and this needs to be installed in the ceiling void. There is also an element of increased heat from the spotlights and the transformers, making them a potential fire risk if adequate ventilation to prevent overheating is not provided.

If you are fitting a low-voltage halogen system, always ensure any insulation material is kept well clear of the fitting; in addition, the transformer concealed in the ceiling void needs to be accessible from the floorboards above, although now manufacturers are producing their own slim transformers that are passed into the ceiling void from below through the lamp hole. Check the manufacturer's instructions before fitting a transformer, because some transformers are not designed for use in an unvented ceiling void. Building Regulations require recessed ceiling lights of all kinds to be enclosed in fireproof compartments.

Developments in low-voltage lighting have moved on,

SAFETY FIRST

Ensure when undertaking any electrical alterations or installations that you thoroughly check the manufacturer's instructions and recommendations. Never ever undertake any electrical work unless the power is turned off

The annotation in the original photograph of this junction box (left) is incorrect. Please refer to the correct annotation shown below.

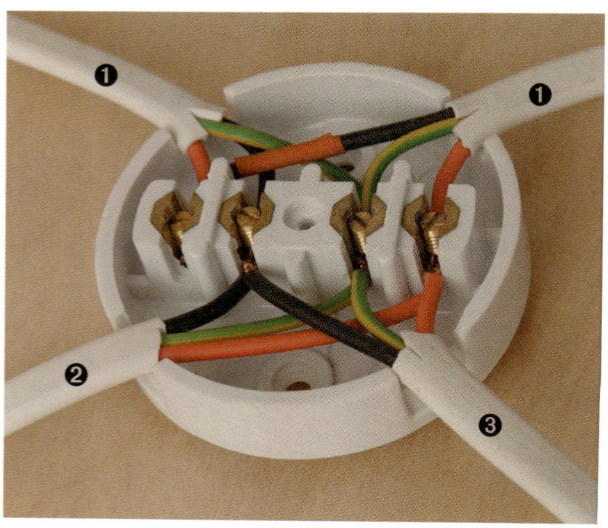

1 circuit cables 2 switch cable 3 lighting cable

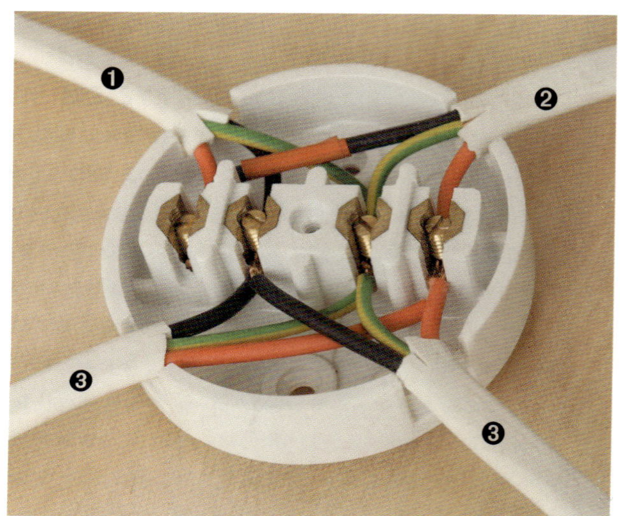

1 lighting cable 2 switch cable 3 circuit cables

1

2

3

The loop-in system has become by far the most popular, as it requires fewer connections, and there are no junction boxes to pay for. If you want to extend your lighting system or add lights some distance away from the circuit, simply connect a junction box to the circuit, then take a single two-core and earth cable from the light and connect it to the junction box.

LIGHTING GLASS STORAGE CABINETS

High on people's wish lists is a cabinet, or series of cabinets, that apart from simple storage, also allows the attractive display of something special, say a beautiful dinner service or a selection of crystal glassware. Kitchen manufacturers, always ahead of the game, have created cabinets with glass doors specifically for that purpose. To create a really classy effect add some lighting, either by fitting flush downlighters or a low-voltage lighting unit to the inside of the cabinet.

Use the template provided with the lighting, or cut one out from card, to mark out the light positions on the inside of the cabinet. Drill a couple of holes with a hole saw **1**. Insert the light fitting in preparation for connection to the power supply once the cabinet is attached to the wall **2**. The power supply cable can be chased in the wall or simply clipped to the top of the unit and then concealed by the cornice. The fittings are connected to the transformer, which can be plugged into a nearby socket or wired as a spur into the kitchen lighting circuit **3**. The result is a perfect display.

TOP TIP Always have an electrical test screwdriver in your tool kit. This has a built-in lamp which illuminates when in contact with the live wire. Use this to test any wires even with the power turned off.

1

2

UNDERLIGHTING

A very effective and economical form of secondary lighting used to enhance the ambience and illuminate particular features in the kitchen, can be achieved by using strip fluorescent tubes attached to the underside or above the wall units. In order to prevent any concealed light showing through the joint of the pelmet and wall unit, it may be necessary to apply a mastic seam to the pelmet joint.

fitting under wall units

Position the fluorescent fittings in the desired positions and screw-fix them to the underside of the wall unit. The power supply cable can be chased into the wall or surface-mounted by being clipped to the underside of the wall units **1**. The underlighting can be connected to the lighting circuit, or it can be switched on and off via individual integral switches. Two or more of these light units can be linked easily by plugging the second into the terminal block of the first unit. The electrical connection is made via a simple plastic block connecter inside the light unit to receive the three conductor wires – live, neutral and earth – as marked on the light unit. Finally switch on **2**.

TRACK LIGHTS

Track lights are probably one of the most rewarding and easiest to fit of kitchen lighting systems. They will come ready supplied with the ceiling fixings. First switch off the mains power. If you are familiar with your mains consumer unit, you may be able to remove the single fuse for the kitchen lighting circuit, to allow you to replace the light without turning off the mains to the rest of the house. However, if you are at all unsure, always turn off the mains power completely.

First fix the track to the ceiling by screwing through the pre-drilled holes into the ceiling joists. If the fixing positions on the track do not line up with the joist, you may be able to use special plasterboard fixings to fix in position. Plasterboard fixings should be more than adequate, because lighting tracks are not normally very heavy.

TOP TIP ceiling joists are normally installed at 400mm (16in) centres. When you have located one joist, measure 400mm from its centre, to locate the centre of the next joist. This is not a perfect science, when the joists were originally installed, the carpenter may have had a bad day!

In deciding where on the ceiling you wish to position your chosen track lighting, bear in mind the track's terminal block housing should be situated close to the original ceiling rose. Remove the pendant if there is one **3**, and carefully unscrew the old ceiling rose cover. Make a note and sketch the wiring plan, before dismantling the ceiling rose, then carefully connect the circuit cable into the cable connecter which is provided inside the fitting.

Check the manufacturer's recommendations for how many lights you may use on the track to avoid overloading the lighting circuit, which can supply up to a maximum of eleven 100 watt bulbs **4**.

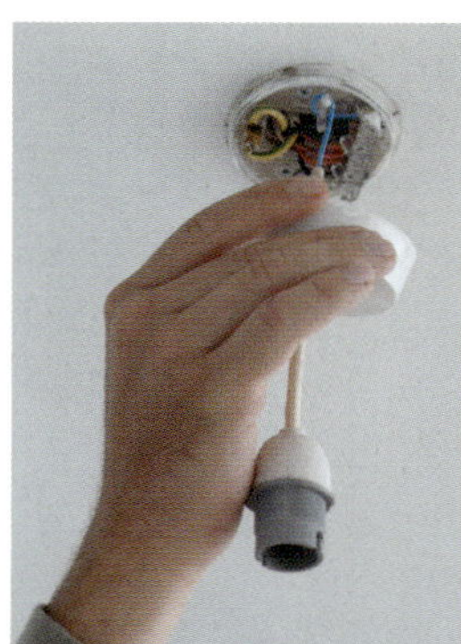

3

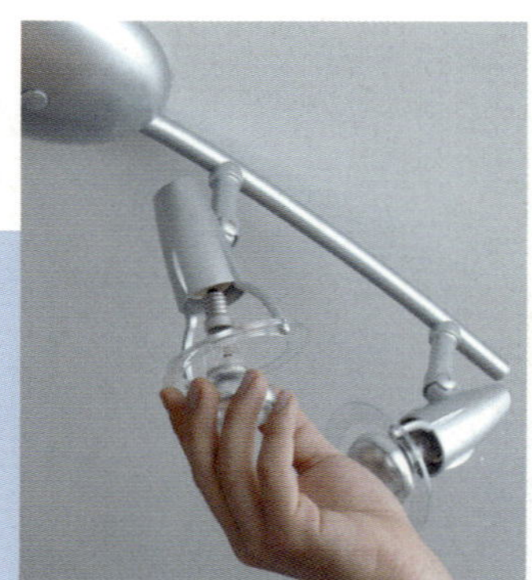

4

kitchen Surfaces

Surfaces are the most important finishes to any kitchen. These are also the areas that are most used. Choose carefully. Decide whether you want something hard wearing for the long term, or something softer, which may need changing more often!

wall surfaces

The kitchen is the room in a house which probably receives the most traffic (albeit pedestrian!) and where most accidents, spillages and surface contamination occur – not to mention children's mucky hand prints. I've harped on about how important work surfaces and floor coverings are, but let's not forget about the walls. So how do you create a practical, hygienic wall surface that is both pleasing to the eye and easy to clean and maintain?

SPLASHBACKS

What is a splashback? It's a tough, vertical surface covering, that protects the walls in areas that come into regular contact with water, grease and food scraps, etc. For example, it could be behind a hob, next to the sink or behind a worktop area used for food preparation. The idea is to have a wipeable surface where walls simply decorated with ordinary paint would very soon become mucky – and wouldn't it be a crime to leave all that grime?!

Splashbacks come in a variety of styles and materials, the most common being washable paint, steel, glass, stone and ceramic tile.

1

painted surfaces

The first one is a bit of a fake, really, because you don't actually fit a different material, rather the sound plaster surface is sealed and then painted with a washable paint finish, which protects the plaster wall behind. This does have the advantage of cheapness, but in a busy family kitchen you're likely to need the paintbrush out every other week to cover over the stains that aren't so easily washed off!

glass and mirror

Two relatively new kids on the block are glass and mirror splashbacks. These two types complement a variety of worktop materials and no longer need to be fixed with screws – a simple solvent-free adhesive will do the job.

stainless steel

Another quite expensive material is stainless steel, normally used in conjunction with a stainless steel worktop and most commonly found in commercial kitchens. It does mark and scratch quite easily but on the plus side it's very hygienic and long lasting.

Stainless steel is only really practical for the DIY'er in splashback kit form **1**, which has a protective plastic covering. Large sheets of stainless steel are not practical for DIY, and you do need to call in the experts if this is going to be your preferred choice.

natural stone

One of my favourite materials for a splashback is natural stone, such as slate or granite. However, I prefer to use

2

3

stainless steel kits

These are relatively easy to apply as the steel is already cut to size and attached to a solid piece of fibreboard. Fit eight purpose-made wall brackets, one on each corner of the splashback and four in position on the wall. Plug and screw into position. Offer up the splashback and hook it onto the brackets **2**. Removing the plastic covering should be resisted until after fitting is complete. Simply pull away **3**, and run a bead of clear silicone mastic along the back edge.

only a short natural stone splashback, more like a 100mm (4in) upstand, sometimes complemented with ceramic tiles or glass to complete the full height.

ceramic tile splashbacks

The most popular material for a splashback is the humble ceramic wall tile: the easiest to fix, most practical to use and probably the most economic. The method for laying out and fixing tile splashbacks is the same as for any tiling (see following pages).

FITTING SPLASHBACKS

glass and mirror

Glass and mirror splashbacks can be obtained from glass specialists who will require hardboard templates to cut the glass to match. Bear in mind that if your templates are inaccurate in the first instance, the supplier cannot be held responsible. Remember the old adage: measure twice and cut once! When making up your template, mark the centre line using a spirit level to draw a vertical line, and always measure from this centre line to the end. Allow 2mm (⅛in) all the way around for clearance; this can be filled later with clear silicone mastic. Any electrical sockets or spur switches must also be marked and cut out of the templates so the specialist supplier can incorporate these essential design considerations. Any glass splashbacks must be ground by a polishing edger to ensure all revealed edges are safe.

natural stone

Natural stone splashbacks are fitted in much the same way as glass versions, using a solvent-free adhesive. You will also similarly need to provide the stonemasons with a hardboard template from which to cut the stone if you don't opt for a simple upstand. Natural stone can be very expensive and mistakes can prove costly, so it is even more important to get the template correct – if you feel at all uncertain, call in the professionals.

Before fixing, test that the splashback fits perfectly by placing it in position dry. Carefully lay it face down on the worktop and apply sizeable dabs of adhesive at various points. Before repositioning the splashback, run a bead of clear silicone mastic along the back edge of the worktop **4**; the purpose of this is to ensure a watertight seal between the stone and worktop. Fit the splashback back into position **5**, clean off any excess adhesive or silicone with white spirit, and leave to cure for 24 hours **6**. Finally, apply a clear silicone bead around the edge of the splashback to create a waterproof seal.

4

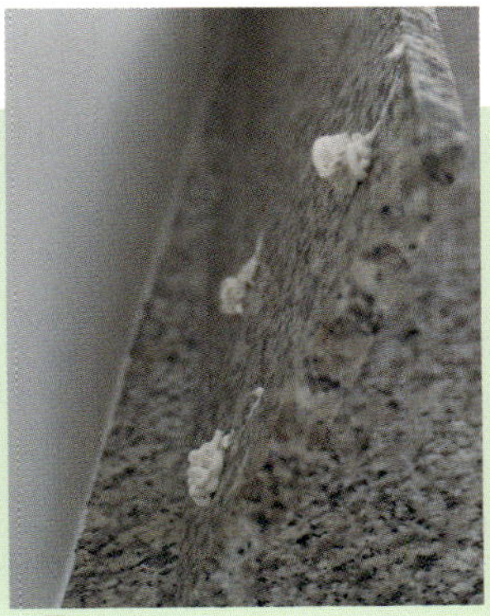

5

6

TILED SPLASHBACKS

CHOOSING YOUR TILES

Tiles – that's the solution! But which tiles to choose? When it comes to wall tiles it never ceases to amaze me how designers and manufacturers are able to come up with what seems to be an inexhaustible range of colours, textures and patterns to choose from.

Getting the balance right, there lies the rub. How much wall tiling would be right? Bearing in mind you don't want to create a Harley Street clinic, the answer to that question is subject to personal choice. From a practical point of view, it's necessary to fix tiles where all the action goes on, – the preparation, cooking and washing up! The walls need protection in these areas, and tiled splashbacks provide the perfect solution. Tiles are more or less impervious to water, so are easy to clean, and keep clean. Tiled splashbacks are normally used between the worktop and wall units, approx 380–460mm (15–18in) high.

ceramic tiles

By far the most popular and practical are ceramic wall tiles. These are machine made and have a consistency in colour and size that makes them easy to apply. Ceramic tiles are the great unsung eighth wonder of the world. Universally used to provide sometimes beautiful, normally practical and undoubtedly hygienic, solutions to a catalogue of difficult problems. Okay, I know that sounds rather profound, but let's just think about it. What other wall surface allows such a personal style statement, will provide many years of silent service and always remains pleasing to the eye?

A whole wall of tiles of the same type is described as a field of tiles. You may like the minimalism and regularity of a whole field of tiles, but there are various ways to create a more varied design. A field of plain tiles can be broken up with high relief moulded tiles, in modern or traditional designs. Or you could use patterned tiles in a decorative frieze, as individual inserts or in repeating designs **1**.

Patterned tiles are often used to create pictorial murals at particular points of interest, for example in splashbacks behind the cooker or sink **2**, or by a seating area to create a particular focal point. For the adventurous, there are purpose-made specials, such as cornice tiles which can be used to create a picture frame within a field of tiles around a favourite pictorial scene.

handmade tiles

These can work out pretty expensive. The attraction of handmade tiles is that they provide much more variation in shape, colour and texture than factory tiles. Appealing as this quirkiness is, however, this will make fixing slightly more tricky.

mosaic tiles

Mosaic tiles are in effect miniature versions of ordinary ceramic tiles. Laying them individually can feel like you're building the Great Wall of China, brick by brick. If you have the patience, then go for it! As you can really unleash your creativity and produce intricate patterns with a pleasingly random finish. For those of us who prefer an easy life,

1

2

thankfully the manufacturers now supply mosaics in sheet form with either a paper facing or mesh backing. The adhesive is applied to the wall in the same way as for any tile. Apply the tiles to the adhesive with the paper showing, leave the tiles to cure for 24 hours, then soak and remove the paper revealing the mosaics, ready for grouting.

TILING A SPLASHBACK

With modern adhesives and the good range of quality tools available to purchase or hire, like electric powered wet saws, even the most inexperienced DIY enthusiast can make a professional job of tiling with ceramic tiles.

setting out

As always, careful planning at what I call the 'setting out' stage is undoubtedly the most important part of tiling. The first job is to prepare the wall surfaces in readiness for receiving the tiles. To prepare the walls, remove any wallpaper (see page 114) and scrape off any loose or flaky paint. Screw holes or small indentations may be ignored because they will be covered by the adhesive. Large holes or damaged plaster will require replacing using sand and cement render. If the walls have been painted, use a coarse grit paper **1**, to roughen up the smooth surface, and ensure proper adhesion to the walls. Before tiling I always apply a strong solution of PVA adhesive and water to the walls **2**.

As the area is to act as a splashback, tiling is usually only under the wall units and tends to be quite small scale.

The method of tiling to a batten is not necessary for a splashback and you should always start with a row of full tiles next to the worktop, as these will be in full view – ending with cut tiles fitted at the top, under the wall units.

Measure each wall accurately, in order to determine where to start tiling. One way is to mark a row of chosen tiles onto a straight wooden batten **3**, 50 x 25mm (2 x 1in), which can then be used as a gauge stick for setting out the area. The spaces between the tiles are called joints. The width can be determined by yourself, or you can mark the width of the plastic tile spacers, as well as the tiles, onto the gauge stick. Find the centre point of your wall and draw a horizontal line from this point using a spirit level. Hold the gauging stick vertically **4** and horizontally from that line, mark the wall so you have an equal cut tile, top and bottom. Before fixing the tiles to the wall, take some time to carefully mark out the best starting position that gives you equal cuts at either end horizontally, with the least amount of waste.

1

2

3

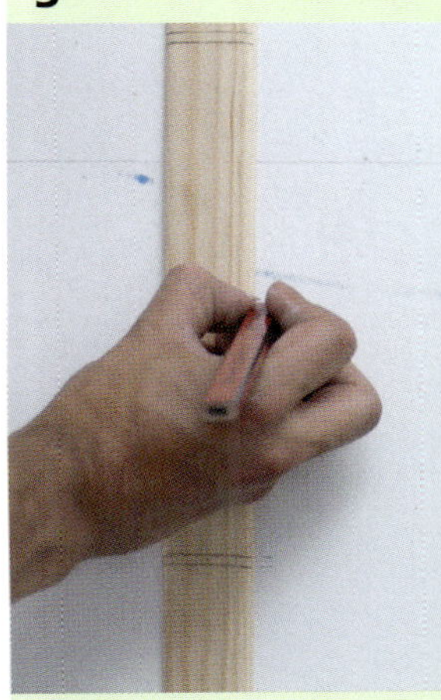

4

careful planning at the 'setting out' stage is the most important part of tiling

1

2

3

fixing the tiles

Ready-mixed adhesives are available to apply straight onto the wall using a notched trowel. Apply the adhesive to the wall using the straight side of the trowel, spreading the adhesive thinly and evenly, covering an area 1–2m (3–6ft) square at a time. Once the adhesive is on the wall, reverse the trowel and draw the notched edge across the adhesive creating horizontal ridges **1**. Fix the first row of tiles onto the adhesive, twisting each tile slightly as you apply pressure **2**, to ensure every part of the back face of the tile comes into contact with the adhesive. Insert plastic spacers as you go along, to create the grout spacing between the tiles. Continue to cover the area of adhesive with tiles **3** and clean off any excess with a damp sponge. Spread the next area of adhesive, and repeat the process until you have completed tiling. Before leaving it to dry, scrape off any adhesive on the margins where the cut tiles will go.

cutting and fitting margin tiles

Next cut and fix the margin tiles. These should all be marked and cut individually as walls are rarely perfectly square. Mark each margin tile by placing it upside down over the last full tile, with one edge against the wall, make allowance for the normal tile spacing, and mark the edges of the tile using a pencil or felt tip pen **4**. Transfer these marks to the face side of the tile and cut with a tile cutter **5**. Make a scored line then press down on the handle along this line in order to cut. Another method is to use a hand tile cutter. Follow the same procedure as step 4, score the line with the scriber and a metal rule **6** and snap apart with the pincers **7**. Apply some adhesive to the back of the margin tile and squeeze into place. Insert spacers as before to allow for the grout lines, and wipe off any excess adhesive with a damp sponge. Repeat this process until all the margins are complete, and leave for another 24 hours.

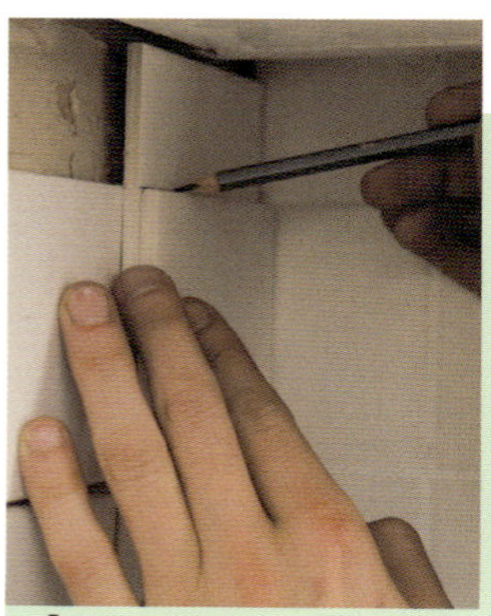

4

5

6

7

8

remember to turn off the electricity at source before fixing tiles around any sockets

tiling around electrical sockets

Cutting tiles around electrical power points and switches can be easily carried out using a hand tile saw, or an electrically powered tile cutter. (Both are readily available and inexpensive from DIY stores). Again, planning properly in the setting out stage is essential.

After turning off the kitchen electrical power at the mains, offer the tiles into position for marking around the socket; half unscrew the socket so that you can fit the overlapping edge of the cut tile underneath **8**. Allow for a 6mm (¼in) overlap so that the socket face will fi over the cut tile. Leave the tiles to set before screwing back the socket faces (you will need longer screws once the tiles are placed), then grout.

tiling around windows

If you intend to tile around a window, in order to balance the tiling use a gauging stick to set out around the window so that there are equal cut tiles to each side. Preparation is the answer. Using the gauge stick, set out the tile positions and transfer these onto the wall with a pencil. Windows often have sills and wall reveals which require tiles cut to fit the space. The margins should always be against the window **9**.

9

If you intend to tile above the window, fix a temporary batten to support the tiles and keep them level.

TOMMY'S ADVICE

When dealing with cut or margin tiles, apply the adhesive to the back of the tiles rather than the wall. Grout on the wall may dry out while you are cutting and shaping.

grouting tiles

Tile grouting is available in standard white, but you'll also find a range of matching or contrasting coloured grouts. Alternatively, you can mix your own coloured grout by adding water to standard dry powdered grout, before mixing in the colour pigment .

To mix ordinary grout, add the powder to the water and stir until you have a consistency of double cream. Grouting material is inexpensive so don't skimp on it. Apply the grout to the tiles using a rubber float **10**, spreading it in all directions and forcing the grout into the joints. Work in one direction, cleaning off as much excess grout as possible with the rubber float until the whole area is complete, but ensure all joints are well filled. Use a damp sponge regularly to wipe the grout from the surface of the tiles before it sets.

Once completed, rub over the joints with a special grout shaper (or you can use a small, rounded stick of wood or the back of a plastic spreader). This will compress and seal the grout to ensure the joints are watertight. When the grout has hardened, polish the tiles with a dry cloth.

10

floor surfaces

A kitchen floor covering should be carefully considered, bearing in mind a kitchen floor generally receives more wear than any other floor in the home. The floor makes as much of a statement about you as the kitchen itself. So choose carefully!

CHOOSING YOUR FLOOR SURFACES

CERAMIC TILES

I think it is since we have been venturing abroad to Spain and other continental destinations that ceramic floor tiles have seen a rise in popularity. These are very similar to ceramic wall tiles but are generally much thicker. Ceramic floor tiles can look extremely attractive, with a huge range of colours and patterns available.

That said, I have two big problems with ceramic floor tiles. The first is that ceramic floors in the kitchen area can become extremely slippery if there's a spillage of water, grease or food – and it is not a soft landing when you arrive there! The second (and it may be because I'm from a large family) is that the kitchen floor receives a hell of a lot of traffic, and the glazed surface of the ceramic tiles can wear out in less than three years, revealing the clay underside. But today, most manufacturers are producing sturdy tiles, some with non-slip surfaces suitable for any kitchen. I suggest you always use an unglazed surface **1**.

1

To cut ceramic floor tiles you can use a dry tile cutting jig, but if you find they're tough to cut, you may have to use a wet cutting machine, which is basically a circular saw. These tools are now relatively inexpensive and simple to use. The procedure for laying ceramic floor tiles – the setting out, using guide battens etc. – is, in principle, the same as for quarry tiles (see page 110). The main difference is that ceramic tiles are normally laid on an adhesive base rather than a screed, using the racking back method (see page 110).

QUARRY TILES

Quarry tiles have long been considered one of the toughest and most durable materials for floor surfaces. They are quite easy to lay, practical to use, and simple to clean. If you can afford them, I would highly recommend you lay them in your kitchen. Although the tiles are relatively thick and difficult to cut, an electrically powered wet saw makes the task that much easier.

If you require a floor with an ornate pattern and design, this can be achieved using purpose-made quarry tiles that recreate Victorian-style floors with today's modern tiles – and they look great! Alternatively, if you want the real thing, reproduction Victorian encaustic tiles are available from the Tile Museum in Ironbridge in the Midlands or from a specialist tile supplier or salvage yard.

NATURAL STONE

There is an abundance of natural stone choices available in slabs or tiles of varying shapes, sizes and thicknesses. Follow the manufacturer's instructions if your chosen flooring is porous – as sandstone and limestone are – and it has to be sealed. Slate and granite are more impervious types of stone and create extremely hard-wearing surfaces, which require very little maintenance, although the visual effect may not be as dramatic as that of one of the softer stones. The laying procedure for natural stone is very much the same as it is for quarry tiles. The disadvantage of a stone floor is that it is very unforgiving if you drop a piece of your best crockery or cut glass crystal. It is also rather cold underfoot, which can be a problem in the winter. A way to combat this is to install under-floor heating as the stone is a wonderful conductor. Investigate getting some under-floor heating professionally installed.

VINYL TILES

Probably the easiest floor covering for the DIY enthusiast to tackle is a vinyl tiled floor. Most vinyl tiles are supplied pre-coated with adhesive, which makes them quick and easy to lay. If your vinyl tiles are not the self-adhesive type, follow the manufacturer's instructions regarding the type of adhesive and how to apply it.

SHEET FLOOR COVERING

Call me old fashioned, but I have always had a penchant for lino. The reasons I like lino are, first, it is hard-wearing and practical; second, it's available in lots of colours and patterns; and third, it is reasonably priced. Also, it's easy to rip up and renew, when you fancy a change. Most important of all, lino is made from jute, linseed oil, rosin, woodflour and limestone, with a natural hessian backing – all natural ingredients, so it is environmentally friendly. Graphite is added to create a non-slip, safety floor surface, and it works excellently. Leave the roll of lino in the room it is to be used in for a couple of days for it to acclimatize and soften up a bit, making it more pliable; this applies to vinyl too.

Because of the difficulty in cutting and working with linoleum/Marmoleum, if you require anything more complex than a simple shape like a square, or rectangle, and you don't feel confident, then call in the experts.

Sheet vinyl floor covering is far easier to lay than lino. Vinyl, although fairly strong and hardwearing, is very soft and extremely easy to cut, either with a knife or scissors. It is waterproof and it is available in a wide range of colours, textures and patterns. Most vinyls are pretty hard wearing, but some are reinforced to increase their durability, so select one most suited to your needs. Also available is a 'backed vinyl', which is the same as a normal vinyl but with a tough underlay bonded to it, making it warmer and softer underfoot.

2

There is one more type of floor covering that deserves a mention: Amtico **2**, probably the *crème de la crème* of hard-wearing, man-made, floor coverings. Many major department stores use it for its qualities of durability, practicality and sheer good looks. Of course, the old saying, 'if you pay peanuts, you get monkeys!' comes to mind; quality of this kind does cost a considerable amount (in excess of £50 per metre), but I guarantee you'll wear out before this flooring does.

FLOOR PREPARATION FOR ALL SURFACES

Before you can lay any floor covering, whether it is ceramic tiles or vinyl in either tile or sheet form, ensure the floor is flat and dry. If you have floorboards of any kind it will be necessary to cover these either with hardboard or 6mm (¼in) plywood. Personally, I much prefer to use plywood **1**, even though it's marginally more expensive, because unlike hardboard it doesn't require soaking thoroughly before fixing and it gives a more rigid base to work from. Tiles laid directly onto floorboards soon show the gaps in the floor, and your hard work will be in vain. Use a vacuum cleaner in all the nooks and crannies, and fix down any loose floorboards firmly **2.**

1

2

Check that ground-floor suspended wooden floors have adequate ventilation via the air bricks to the front and rear of the house. The original vents are normally sufficient, just ensure they are clean and clear of any debris. Ventilation is extremely important for ground level suspended floors, particularly when floorboards are covered over, preventing any venting through the gaps in the boards. Do not overlook this or, I can assure you, you will be creating huge problems for yourself over time!

TOP TIP If using hardboard, always remember to soak it thoroughly and fix it to the floor rough side-up while still wet, as this avoids the problem of the hardboard expanding after you have laid the floor covering. So instead of walking over a floor littered with sleeping policemen, the damp board shrinks marginally and you are able to walk on a firm, flat floor! The hardboard normally dries very quickly, but to be certain, wait 24 hours, with the windows open to provide ventilation.

LAYING HARD SURFACES/CERAMIC AND QUARRY TILES

LAYING

If you are laying very heavy tiles, normal wooden floor covering like floorboards should be replaced with 19mm (¾in) plywood sheeting screwed down to the floor joists, prior to laying the tiles. This will create a rigid and flat surface for tiling, less susceptible to expansion and contraction than a boarded floor. It's also far safer to remove the old floorboards, revealing where the services are, rather than guess, and risk an expensive disaster.

Solid concrete floors are ideal for laying hard tiles, as any high spots can be removed by club hammer and bolster chisel. If the solid floor is uneven or not level, lay the tiles on a soft sand and cement screed. Take the starting level from the highest point – any uneven or deep areas can be easily dealt with by the screed – (the screed mix should be a damp mix, not wet, of 4:1 sharp sand and cement).

If you don't feel confident about applying adhesive and tiles accurately, you can simply adopt the two-batten method. This is a pretty fool-proof system to lay a level, flat tiled floor. Measure and mark the centre of the room on the floor; by measuring the halfway point to both sides of the room from the same end. Apply the same method of measuring to the other walls to find the centre point of the room. Using a chalk line on the opposing marks to snap a perfectly straight line is the best method **3**.

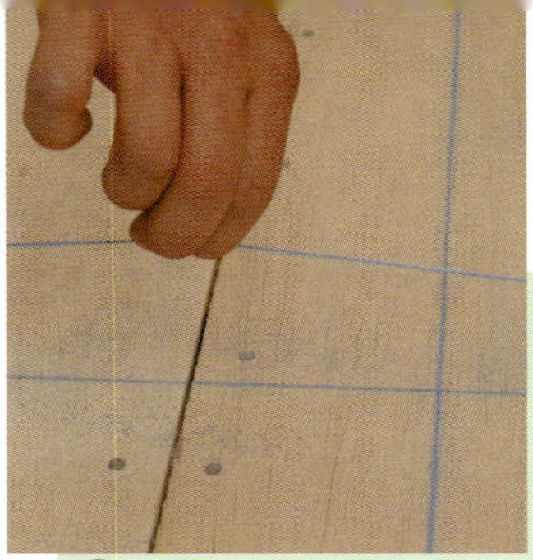
3

4

5

6

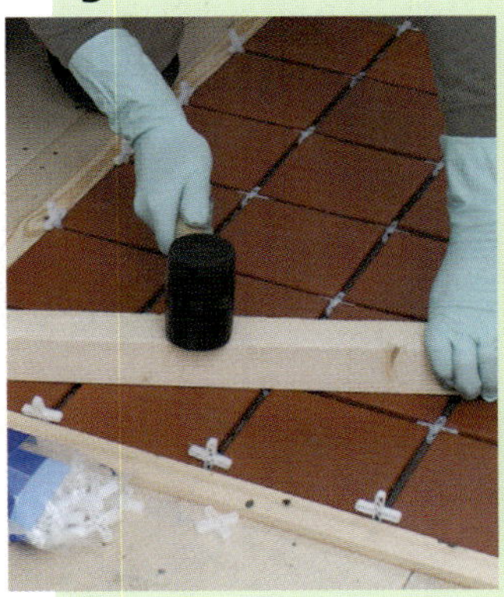
7

8

Cut and fix a timber batten along the centre line to one half of the room. It is crucial that this batten is level. Check with the spirit level and use thin packers where necessary to keep the batten level. For accuracy and easy removal, I always plug and screw the batten down. Mark four tile widths, including the joints, onto a piece of batten and mark the floor at each end of the fixed batten. With this gauge stick, attach a second batten to the floor, ensuring it is level with the first.

This is called the racking back or pyramid method. It works well by sectioning the floor into roughly four quarters, working around to the final section with the door in it. With this method, I normally leave the margin tiles until the main floor has set. This method allows you to correct any running off-line, no matter how slight, because each course unchecked compounds any problem.

Start by applying the adhesive **4**. Position a corner of the tile against the guide batten parallel with the centre lines, gradually pressing the whole tile into position **5**. Lay the next tile abutting the first tile and the guide batten. Continue to lay tiles in a pyramid fashion **6**. Lay the second half of the room, exactly as you did the first. Lay full tiles before starting on the edges of the room. Make regular checks with a piece of wood to ensure that the tiles are flush, also checking with a spirit level. Release both battens and re-fix only one of the two battens to form the second bay. The laid tiles act as one guide, the re-fixed batten as the other. Now lay the tiles in the pyramid pattern as before.

TOP TIP If you are laying quarry tiles, (which are usually much smaller than ceramic floor tiles), lay the batten diagonally 7 as well as horizontally to check for levels, as small tiles can easily shift out of alignment.

cutting margin tiles

Once most of the floor tiles are laid, leave the floor to set overnight. The following day, cut in your margin tiles all around the edges. Cut the tiles using an electric wet saw, which can either be hired, or purchased relatively cheaply from DIY stores. As the adhesive has probably hardened, butter each tile separately as you lay it **8**.

grouting

For the final stage – the grouting of the floor allow 24 hours for the floor to dry and harden. Release the tile spacers.

TOP TIP to release the spacers quickly, take the flat end of a nail, and use it to hook them up 9.

Fill the gaps between tiles with grouting **10**. Clean off any excess immediately with a damp sponge.

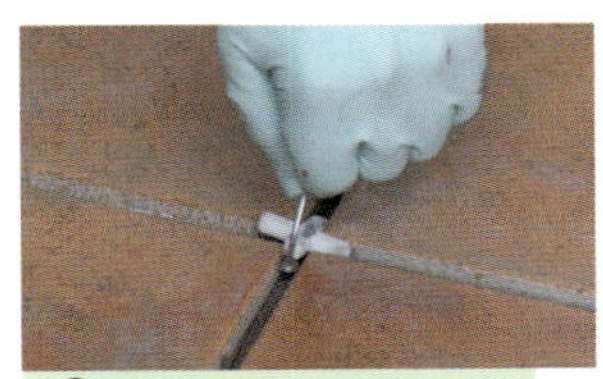
9

10

LAYING SOFT SURFACES/VINYL TILES AND SHEET MATERIALS

FITTING SELF-ADHESIVE VINYL TILES

Unpack the tiles from the boxes and stack them in the room where you intend to use them, leaving them there for at least 24 hours, to acclimatize before laying. This allows the tiles to be flexible and easy to use. Check whether the tiles have a pattern that follows a particular direction (some tiles are marked on the back with arrows as a guide). Lay some tiles before fixing without taking off the backing to check the pattern is correct.

To actually lay the tiles snap two bisecting lines as described before (see page 110). The tiles should be laid to the line covering the opposite half of the room to that of the door. I lay all the full tiles first, before the margins, to act as a guide for alignment (ensure the guide is straight!). Peel off the tile's backing paper, and position a corner of the tile against the guide line parallel with the centre lines, gradually pressing it into position **1**. Lay the next tile on the other side of the centre line, abutting the first tile and the line **2**. Fix two more tiles immediately behind the first two, to form a square **3**. Continue to lay tiles around this square in a pyramid fashion, until you have completed one half of the room. Lay the second half of the room as you did the first. Lay all the full tiles before starting on the edges.

1

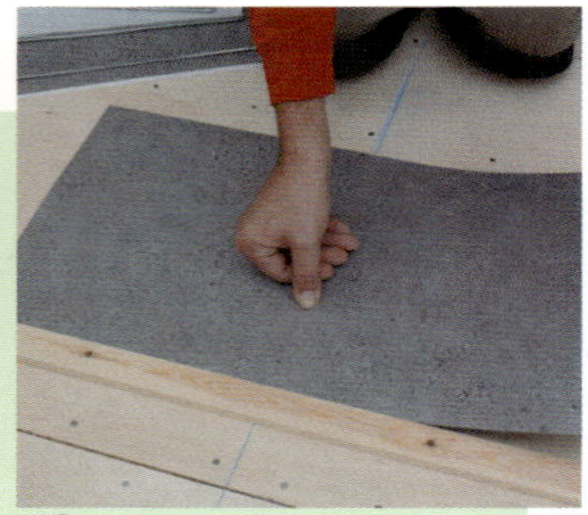
2

3

TOMMY'S ADVICE: FITTING AROUND PIPES

I would suggest that you do this tricky bit of cutting first thing in the morning when your brain should be awake, rather than in the evening when, if your brain is like mine, it's probably asleep! First step is to take a pair of compasses and carefully mark the position of the pipe on the tile, draw two parallel lines from the edge of the tile to the perimeter of the circle. Use a 150 mm (6in) off-cut of copper pipe, matching in diameter to the pipe you're cutting around. Sharpen the inside of one end of the pipe with a file so that it will cut more easily **A** .Position the piece of pipe on the pencil mark you have made and hit the other end with a hammer **B**. Cut a slit in the tile with a craft knife between the two lines to give a professional finish **C**. Fold the tile back to enable you to slide it seamlessly into place.

A

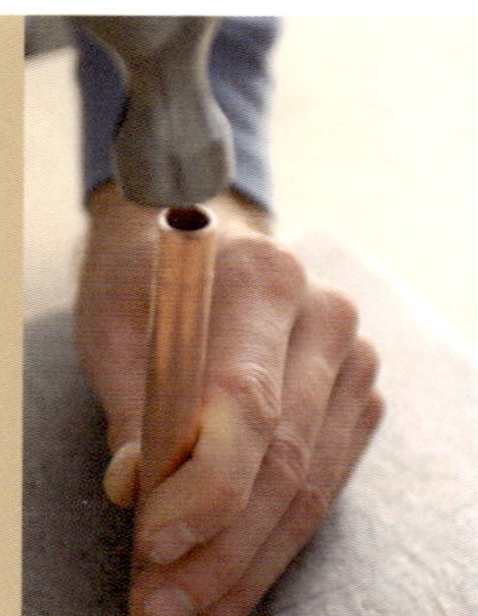
B

C

4

5

cutting around the edges

I think that it is fair to say that in all the years I have been in the building industry, I find it very difficult to recall any building that I have worked in that was perfectly square. Which is why we lay floors from the middle and work out to the edge. Fitting these cut tiles around the edge of your newly laid floor is known as trimming margin tiles. To cut one, first lay a loose tile exactly on top of the last tile laid **4**. Place a second tile on top but with its edge touching the wall. Draw a line with a pencil along the edge of this tile, to mark the tile below then take the marked tile and cut along the line **5**. Finally, fit the cut-off portion of the tile into the margin for the perfect fit.

CUTTING AND FITTING SHEET VINYL

Start by fitting the sheet vinyl against the longest wall. Leave a gap between the vinyl and the wall of around 32mm (1¼in), ensuring a parallel gap the full length of the wall. Make a scribing gauge **6**, a batten approx 600mm (2ft) long with a nail through it 50mm (2in) from one end. Lay it on the vinyl against the skirting. As the gauge is run along the wall, the nail marks the vinyl perfectly parallel to the skirting. With a craft knife or a pair of scissors cut the vinyl carefully along the mark, then slide the sheet up against the wall for a perfect fit. This first cut needs to be made – to ensure a tight fit against the skirting board.

Next cut a triangular slot at each corner to try to get the sheet to lie as flat as possible **7**. For external corners, cut the vinyl in a straight line down to the floor. At this point try to cut off as much of the waste that's flapping about as possible, leaving an apron of approximately 50–100mm (2–4in) turned up all around the remaining walls.

Push the vinyl into the angle between the skirting and the floor using a wide bolster chisel **8**. Align a metal straightedge with the crease and run a sharp knife along it, at a slight angle to the skirting **9**. To avoid any lifting of the edges, particularly in doorways, a line of contact adhesive can be easily applied to stick down any edges.

If the room requiring vinyl flooring is wider than a standard sheet, a joint can be made by overlapping one sheet on the other, matching the pattern. Using a metal straightedge and sharp craft knife, cut through both sheets and remove the waste, providing the perfect match. Apply contact adhesive underneath and butt them together.

When it comes to trimming the doorway, I normally make a straight parallel cut in the vinyl, to the outside edge (hallway side) of the door stop, then fit the threshold bar over the edge of the sheet for a nice clean finish.

TOP TIP Finish all around the edge of the room between skirting units and the floor covering, whatever it may be, with a coloured or clear silicone mastic to give the floor the perfect professional finish.

6

7

8

9

final kitchen finishes

The art of good kitchen design is to create one that's both practical and pleasant to work in. Once you have established the framework of the kitchen, you can turn your thoughts to making it pleasing to the eye. Your kitchen needs to be a place you enjoy spending time in, so give the the colour scheme and the finishing touches serious consideration before starting the decorating.

DECORATING YOUR KITCHEN / WALLS & CEILINGS

The kitchen is the room in a house that receives the most wear and tear, particularly when it comes to the décor. Kids, parents, pets and even guests leave handmarks and stains on surfaces, walls and woodwork. And even with an efficient extractor hood system, steam and grease from constant cooking will take their toll. The first things to consider when decorating your kitchen are the colour scheme and what types of materials to use. Woodwork, if painted with oil-based paint (like gloss or eggshell), will often resume its former glory by simply washing it down to remove grubby marks and general grime. Wall coverings, however, are generally problematic and even those specifically designed for use in this busy environment may require regular redecoration. Like a railway sandwich, they seem to curl up at the edges in a very short period of time!

My suggested solution is to cross-line the walls horizontally with a heavy-duty lining paper and paint over the lining paper with emulsion paint in your desired colour. When your kitchen begins to look tired, just wash down the walls and ceilings with sugar soap and apply two new coats of paint. With the lining paper underneath, there is no need to strip away any old wall coverings, which can make a right old mess and is potentially damaging to your plasterwork. This simple method enables you to maintain a hygienic and presentable kitchen, and at the same time allows you to change your colour scheme completely for very little cost in both time and money.

TOP TIP Even though vinyl silk emulsion tends to be more receptive to the occasional washing, I personally prefer a flat finish like matt emulsion. Matt emulsion is far more suitable for old plaster walls as a surface covering because the flat finish doesn't reflect any undulations, which a vinyl silk or semi-sheen paint would highlight.

PREPARING THE WALLS

If you are starting from scratch, it is always advisable to strip the old walls and ceilings and prepare their surfaces and woodwork before fitting the new kitchen. An electric steam stripper is a very useful addition to any domestic toolkit. The cost of these has dropped over the years and they can now be purchased for a very reasonable sum. If you have lots of wallpaper stripping to do, treat yourself to this one piece of kit immediately or pop down to your local hire shop, and make short work of old wallpaper.

Always wear gloves and safety goggles when using this equipment, taking care not to scald yourself as the stripper uses steam from boiling water to loosen the wallpaper. Recently, some clever cookie invented a very handy little tool called an orbital scorer, which you simply run over the

1

2

3

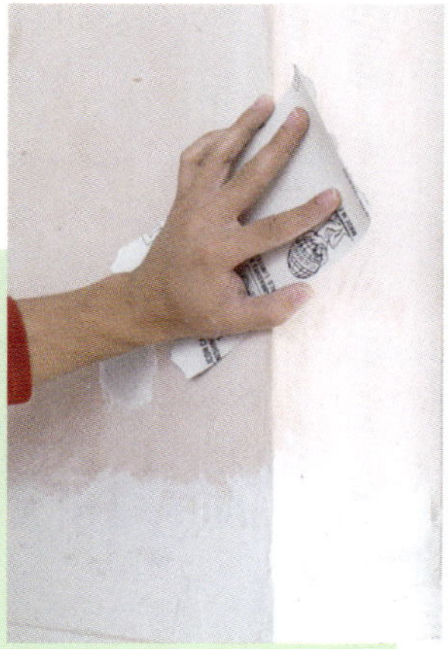

4

5

6

paper in a circular motion, creating little pin holes that allow the moisture from the steamer to penetrate behind the surface **1**. After doing this, use both a broad bladed and narrow bladed scraping knife, carefully remove the old paper without damaging the wall plaster behind **2**.

Inevitably, if your luck is anything like mine, half the plaster comes off along with the paper. Repair this by first applying a mixture of PVA adhesive and water to the surface with a brush (mixing ratios are incorporated in the instructions on the PVA container). Then re-skim with finishing plaster, or filler if it's only a small patch **3**. Try to allow 24 hours for plaster or filler to dry before sanding. Speedy drying can be enhanced by applying extra heating!

Smooth down the whole wall with fine sandpaper **4** and apply another solution of PVA adhesive and water to create a seal. Damaged corners can be filled by holding a straight edged piece of wood in line with the corner, and filling against the edge. Always push the straightedge away from the corner, flush with the wall, rather than plucking it off the wall, so pulling off the repair material! Any cracks in plaster should be cut into a V-shape with a scraper before filling, allowing the crack to be properly filled. Before you start any papering, thoroughly clean the room of dust using a damp sponge or cloth for the walls and a damp mop for the floors.

APPLYING THE LINING PAPER

Today you can buy ready-mixed wallpaper pastes or create your own by mixing the powder with water: the general rule is that the heavier the wallpaper the thicker your paste will need to be. Follow the instructions on the packet because if it's too runny, it's useless. Fungicidal paste helps to prevent mould developing under impervious wall coverings such as vinyl or washable papers.

Cut your lining paper to length allowing an extra 75mm (3in) at each end – this will make it easy to handle and manageable to cut off. Paste half a dozen lengths with a soft wallpaper brush, fold and leave to soak. In normal conditions, leave lining paper to soak for 5–10mins. Check to see how long you need to soak your chosen wallpaper: heavy embossed papers take longer to dry while delicate coverings should be hung almost immediately. Next, apply a watery solution of paste to the wall **5**; this practice is called 'sizing the walls'. Sizing is a great aid when hanging wallpaper as it prevents the paste on the back of the paper from being soaked up instantly by the plaster, allowing you to manoeuvre the paper into the correct position.

If you want to line the wall horizontally, you will need to mark a level horizontal line around the room. Horizontal lining is often followed by vertical lining over the top – in order to 'soften' the look of any rough plaster underneath and in effect double-lining the wall!

When decorating, the golden rule is to always start at the top and work down. Once the paper is in position, trim the 150mm (6in) overlap down to about 25mm (1in). As you hang the paper, brush out any air bubbles with a wallpaper brush **6**; work from the middle to the outside, and wipe off any excess paste with a damp sponge. Repeat this process until the whole room is papered.

DECORATING YOUR KITCHEN/PAINTWORK

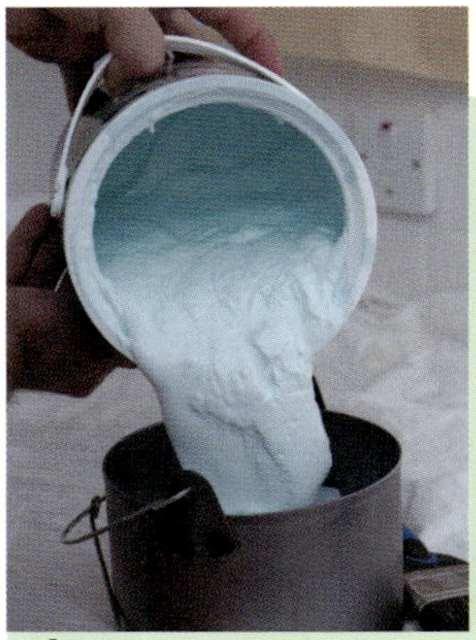
1

2

3

APPLYING THE PAINT

TOP TIP Take time to carefully cover any floor finishes with dust sheets and always decant large tins of paint into smaller containers in case of any accidental spills 1. Never work that extra hour after you have had enough because when you are tired mistakes will start to happen. The trick is to set yourself a sensible target for the amount of time that you want to work. Always leave yourself adequate time to clear up and thoroughly wash and clean your equipment so that it is ready for the next time you start work.

Always paint the ceiling first, to avoid splashing the walls or paintwork. Any splashes should be removed immediately with a damp sponge or cloth. If your ceiling is going to be a different colour to the walls, which is common practice, paint the ceiling and be sure to overlap the paint onto the walls.

When painting the walls, carefully cut the paint into the ceiling angle rather than the other way around. I normally cut in all the tricky bits first (skirting, ceilings etc) with a 75mm (3in) paintbrush. Then, using a lambswool roller, paint the rest, fully loading the roller with paint, then rolling out the walls. Always use two coats, even if the instructions on the paint tin say you need only one, as this ensures no misses and a full-bodied finish. Rub down with a very fine sandpaper, called flour paper, between each coat of paint **2**, this will remove any dust that may have settled before the paint dried. Remember, the finish is only ever as good as the preparation that went into it **3**.

PAINTING WOODWORK

Woodwork first needs to be washed down thoroughly with sugar soap **4**. If the woodwork is in good condition, just give it a light rub over with fine sandpaper, rubbing in the direction of the grain **5**. Carry out any filling with filler and a filling knife **6** (not a scraper). Leave overnight to dry and lightly rub down the filler until it is smooth. Before painting, wipe the woodwork over with a damp cloth to remove any dust. For a full-bodied finish, apply two coats of undercoat and one finish coat of an oil-based paint.

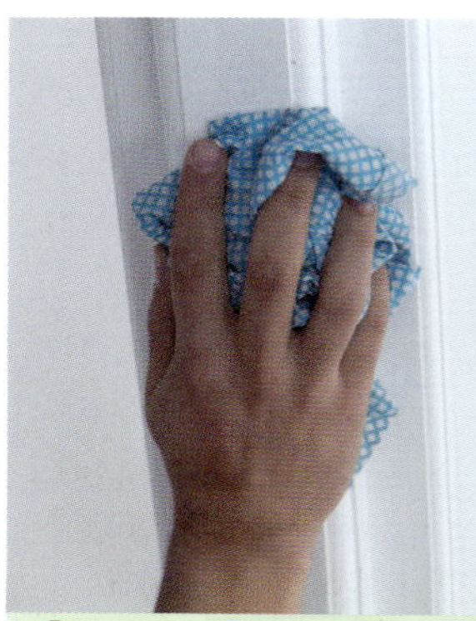
4

5

6

FITTING SHELVES IN YOUR KITCHEN

Storage space is becoming more and more of a problem, especially as we have to cram more into less space. One way of coping is to create extra shelving in your home, which can be an inexpensive and practical solution to some of your storage needs. There are basically two kinds of shelving: well fitted and poorly fitted. You can tell which are which because the poorly fitted shelf owners no longer have undamaged things to put on display!

1

CHOOSING YOUR SHELVES

Before you decide what type of shelves you want, you need to ask yourself a few questions. Do you wish to buy and fix a purpose-made shelving system, or do you want to make and fix your own? Do you want to see the shelf supports and make a decorative feature out of them, or conceal them as far as possible?

Here are some important guidelines. Make sure the type of shelves you select are strong enough to support whatever you want to store on them **1**. Store less frequently required objects on the higher levels, and more commonly used things at more practical heights. The heavier the shelf loading, the thicker the shelving material, and the stronger the fixings and supports have to be. Make sure your shelf or shelves are level, or it will be very irritating to the eye.

SHELVING MATERIALS

The most common and simple materials for making your own shelves are sheet materials like melamine or veneer-covered chipboard. MDF (medium-density fibreboard), which is made from wood fibres and glue compressed under pressure, is supplied very smooth and ready for painting, and is also available with laminate or wood veneer finishes.

Plywood is another sheet material in two main grades. The first is shuttering, which is coarse with a wild and wiry grain to the surface; this makes interesting modern shelving if you bullnose (round off) the front edge and show the different layers of wood. The other grade of plywood, veneered, is much more commonly used for shelving, and normally has a close-grained, smooth veneer finish, the front edge is normally covered with a wooden lipping. Plywood is available in many different bonded finishes, from laminates and veneers to metal.

Solid wood for shelves is commonly used, but can warp or split. Softwood is relatively inexpensive, unless you want wide boards, while hardwood shelves of any size or thickness may mean a second mortgage!

2

Glass is good to use, but is heavy and not particularly strong. Glass must be very well supported and must be toughened for safety by the manufacturer to strengthen it for use in various applications **2**. Fibrous plaster shelves and niches look nice in the right place, but are not very strong.

SUPPORTING SHELVES

There are many ways of supporting shelves; the two main concerns are loading weight and aesthetics. Whether the shelves are to be fixed or adjustable is another important consideration. For fixing to solid walls, standard wall plugs and screws should suffice. Modern chemical fixings are

TOMMY'S ADVICE

Exposed brackets, especially metal ones, can look ugly. You can paint over them with the same wall colour or conceal them altogether. To conceal them, hold them in position on the wall and mark around them with a pencil **A**. Hammer and chisel the plaster away **B**. Fix the brackets and plaster over them **C**, paint the wall colour back and the job's done.

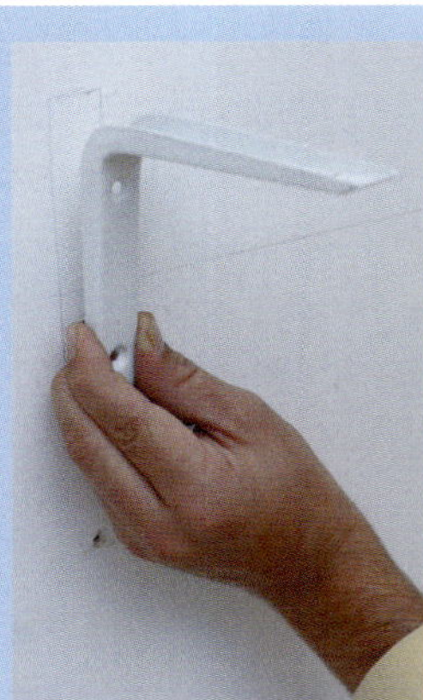

A

B

C

1

also available, which give you a strong permanent fixing using a form of epoxy resin. These fixings are particularly useful when attaching them to stone or poor-quality brickwork. Hollow or dry-lined walls present a fixing problem (see page 69) – manufacturers have been quick to design suitable fixings for these situations, but beware, as there are limitations to weight when loading shelves on such fixings.

READY-MADE SHELVING

The quickest and easiest way to fit adjustable shelves is to purchase a ready-made system where the shelving brackets fit into a slotted metal track screwed to the wall, allowing for shelf-height adjustment. The protruding track creates a small gap between the wall and shelf, which is useful space to run electrical appliance cables. Alternatively, notch out the shelves around the tracks to avoid any gaps.

PANTRIES

Of course, if you have the luxury of a large kitchen you can enjoy the best form of shelf storage by fitting a pantry. Traditionally, a pantry was a small, separate room, vented to the outside to keep produce cool, but fitted kitchen companies now make a large cupboard system that will match your kitchen. This is normally a floor-to-ceiling cupboard with a full-length door **1**, so when you open the doors everything is right in front of you.

WINDOW TREATMENTS

BLINDS OR CURTAINS?

Whenever possible, sinks are positioned under the kitchen window, to afford a view of the garden. This can be viewed as a positive thing, a pleasant compensation for dull domestic drudgery. Alternatively it could be seen as a type of tantalizing torture, showing you just what you're missing, stuck behind the sink!

Let's deal with the windows. A kitchen requires as much natural light as possible and the most practical option to go for is a blind of some description. Blinds are available in a large selection of colours, sizes and styles, whether they are Austrian, Venetian or, most popular of all, simple roller blinds. There are many reasons to choose blinds, they are:

- **ECONOMIC:** blinds are normally cheaper than curtains
- **EASY TO FIT:** blinds are usually far easier to install
- **EASIER TO CONTROL THE LEVEL OF LIGHT:** blinds when fully open allow in more light than curtains
- **CAN BE FITTED CLOSE AGAINST THE WINDOW:** blinds do not encroach onto work surfaces
- **EASIER TO KEEP CLEAN:** blinds tend to be made from materials that are less susceptible to the fumes and humidity associated with a kitchen than curtain fabric.

Curtains are generally unsuitable in a kitchen near the cooking or food preparation area; including sinks.

FITTING A ROLLER BLIND

A roller blind is very easy to install. If you have a recessed window, the blind can be fitted to the window frame itself. Alternatively, the blind could be fitted above the window into the plaster. Take care if you do this – you may hit the lintel over the window which, if concrete, may be tough to drill. If it's a metal lintel, you may have to use self-tapping screws to fix the brackets. Most houses built pre-1930 had wooden lintels, which won't be difficult to screw into.

First, carefully read the instructions provided with your blind kit. Cut the blind to fit the measurements of your window. When mounting the blind into a recessed window, allow clearance all around of about 12mm (½in). Measure both the top and bottom window width **1**. If there is any difference, go with the narrower measurement. Drill pilot holes (narrower and shorter than the fixing screws) into the frame and screw the brackets firmly in place so that when the blind is hanging it won't snag on the handles or locks **2**. When attaching the brackets, ensure the controlling bracket corresponds with the side you want the cord pulls to hang from. Fix the end brackets about 75mm (3in) in from each end. The head rail (the top of the blind) is mounted in the brackets, and locked into place by turning a swivel catch on each of the brackets.

Fit the side cord control into the selected end of the blind, by pushing it into the tube. Fit the dummy pin in the opposite end of the tube. If it's too hard to push the fittings in by hand, push them home by pressing hard against the wall or a hard surface.

Pop the blind into the fixing brackets **3** with the cords hanging down and operate the blind to decide the length of each pull cord. Trim off any excess and slide the cord pull up over the cord and secure with a double knot **4**.

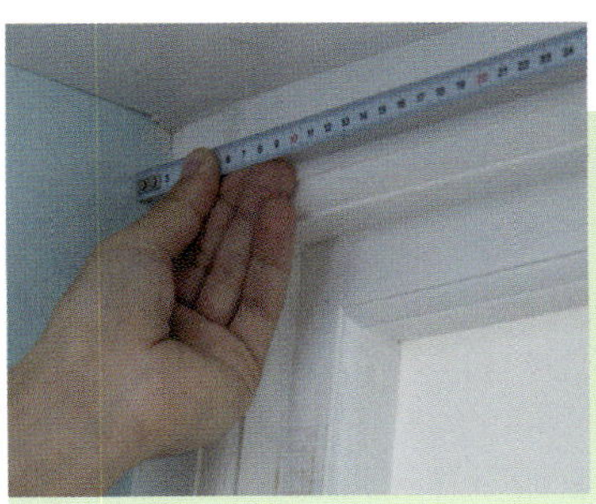

1

2

3

4

KITCHEN ACCESSORIES

There has been an explosion in the range of accessories available to enhance both the aesthetic and practical potential of your kitchen. In fact, it's almost true to say that making a good job of accessorizing your kitchen is nearly as important as fitting the kitchen units themselves. In years gone by, I always found it extremely irritating that whichever item I was looking for would always be at the back of a cupboard and could only be retrieved by first emptying out half its contents. In fact, that was one of the reasons I spent so little time in the working part of our kitchen. My wife Marie, however, would probably give a very different reason for my aversion! She always says, 'You don't seem to have any such qualms when emptying the whole fridge out to get to the beers stored at the back!'

STORAGE SOLUTIONS

Nowadays, kitchen manufacturers have designed a huge range of practical storage accessories, ranging from routered plate racks **1**, which allow the plates to stand on edge in machined grooves, to sliding vegetable containers and various types of wire basket that fit to the back of the door and slide out when the door is opened **2**. There are also woven sliding baskets, like open-topped picnic baskets, integrated into door-less base units, or double or triple bins **3** (to enable you to separate waste materials for recycling). These are fitted into the base units, normally under the kitchen sink. They operate on a pulley system which opens the lid as the door opens, allowing you the freedom of both hands. Other useful but not essential items

1

2

3

4

5

6

are slide-out tables **4** and ironing boards **5**, towel rails and wine racks. Utilizing clever, stylish storage accessories avoids all that messy clutter collecting around the kitchen, providing a good working environment with easy access to food and equipment. Many storage solutions create a stylish finish in themselves. The chrome worktop rail set is a particularly good example: all the regularly required utensils are neatly suspended around the kitchen on a chrome rail **6**, ready to be used. Another clever accessory is the lockable chrome wire cleaning unit **7**, which allows bleach and other toxic cleaning materials to be locked away from small mischievous hands! It's also very useful to have what my wife and I call a hop-up. Even if you aren't vertically challenged, a little two-step set of folding steps **8** is extremely useful to have (saves all that clambering around on the worktops).

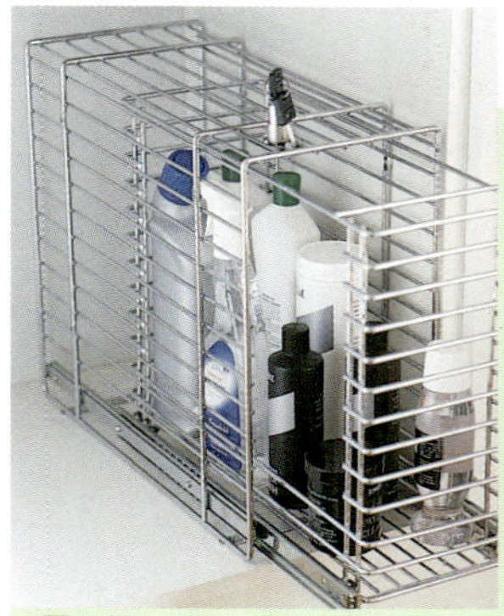

7

8

9

If you are going for an integrated kitchen design, you should consider fitting a larder unit that incorporates sliding wire containers **9**. The larder unit is constructed as a flat-pack unit, in the same way as a cupboard. The sliding wire basket shelves are inserted into runners, fixed to the sides of the larder, located in positions pre-marked during manufacture. Extra storage space can be achieved by attaching purpose-made wire baskets, again in pre-marked positions, to the back of the larder door.

10

TOP TIP The sink unit of a fitted kitchen, no matter how careful you are, can quite often become badly damaged through a water leak, or a spilt liquid container within the cupboard. A good idea to help prevent damage to the unit and contain any spills, etc. is to fit an aluminium-effect surface liner 10. This liner is made to match the unit, so you fit it by simply placing it in position.

glossary

Airlock A blockage in a pipe caused by a trapped air bubble.
Appliance Any machine or device that is powered by electricity.

Back-siphoning Siphoning of part of a plumbing system due to the mains water pressure failing.
Base coat A flat coat of paint over which a layer of glaze is applied.
Batten A narrow strip of wood, usually fixed to a wall to act as a support for a unit or shelving.
Bevel Any angle at which two pieces of wood meet, other than a right angle.
Bore The hollow part of a pipe.
Butt joint A simple joint where two pieces of wood are fixed together with no interlocking parts cut in them.

Cam and stud fixing A simple fixing used in flat-pack construction.
Cap-nut A nut used to tighten a fitting onto pipework.
Cavity wall A wall made of two separate, parallel masonry skins with an air space between.
Chamfer A flat, narrow surface along the edge of a workpiece, usually at a 45° angle to any adjacent surfaces.
Chase A groove cut in masonry or plaster for electrical cabling or pipework.
Circuit A complete path through which an electric current flows.
Concave Curving inwards.
Convex Curving outwards.
Cornice A continuous horizontal moulding between walls and ceiling.
Counterbore A tapered recess that allows the head of a screw or bolt to lie below a surface; also to cut such a recess.
Countersink To cut a tapered recess that allows the head of a screw or bolt to lie flush with a surface.
Cup To bend as a result of shrinkage; usually referred to as across the length of a piece of wood.

Damp-proof course (DPC) A layer of impervious material that prevents moisture rising through a floor or in a wall.
Datum line A line from which all other measurements are taken.

Earth A connection between the earth or ground and an electrical circuit; also a terminal to which this connection is made.
Extension lead A length of electrical flex for the temporary connection of an appliance to a wall socket.

Face edge A woodworking term for a surface that is planed square to the face side (see below).
Face side A woodworking term for a flat, planed surface from which other angles and dimensions are measured and worked.
Feather To smooth or work an edge until it is imperceptible.
Fence An adjustable guide to keep the cutting edge of a tool a set distance from the edge of a workpiece.
Flat-pack Furniture or units supplied in pieces and assembled by the purchaser, using knock-down fittings.
Four-way A block of four electrical sockets connected to a wall socket by an extension lead.
Free-standing Furniture or units that are not built-in or fixed to a wall or floor.
Fuse board A unit where a main electrical service cable is connected to the circuits in a house; also a term covering a meter, consumer unit, etc.

Grain The direction of wood fibres in a particular workpiece; also a pattern on the surface of timber made by cutting through the fibres.
Groove A long, narrow channel cut in plaster or wood; in the latter, this follows the direction of the grain.
Grounds Strips of wood fixed to a wall to provide nail-fixing points for skirting boards, etc.

Housing long, narrow channel cut across the general direction of wood grain to form part of a joint.

Insulation Material used to reduce the transmission of

heat or sound; also a non-conductive material around electrical wires or connections to prevent the passage of electricity.

Isolating valve A valve used to shut off water from a particular room or appliance, so as not to have to turn off the entire water system.

Joist A horizontal wooden or metal beam (such as a RSJ) used to support a structure such as a floor, ceiling or wall.

Key To roughen a surface to provide a better grip when it is being glued; also the surface so roughened.

Knock-down (KD) Another name for flat-pack furniture or units.

Knock-down (KD) fittings Fittings and fixings supplied with flat-pack furniture or units by the manufacturers, typically including screws, bolts and cam and stud fixings.

Knurled On a knob or handle, a series of fine grooves impressed into an edge or surface to improve the grip when turned or handled.

Laminate Two or more sheets of material bonded together; or the top waterproof sheet of the bonded sheets used as a work surface; also to fix such sheets together.

Lintel A horizontal beam used to support the wall over a door or window opening.

Lipping A decorative strip applied to the side edges of laminated boards.

MDF Medium-density fibreboard, a man-made sheet material that can be worked like wood and is used as a substitute for it.

Mitre A joint between two pieces of wood formed by cutting 45° bevels at the end of each piece; also to cut such a joint.

Mitre saw A hand or power saw that can be set to cut mitres and bevels in wood.

Pilot hole A small-diameter hole drilled to act as a guide for a screw thread.

Plinth A decorative board used to conceal unit legs and feet, and to prevent objects from falling or rolling under the unit.

Primer A coat of paint applied to wood or metal to seal it and act as a first coat.

Profile The outline or contour of an object.

PTFE tape Tape made from polytetrafluorethylene, used to seal threaded plumbing fittings.

RCD Residual circuit device, a device that monitors the flow of electrical current through the live and neutral wires of a circuit.

Rebate A stepped rectangular recess along the edge of a workpiece, usually forming part of a joint; also to cut such a recess.

Reveal The vertical side of an opening.

Rising main A pipe that supplies water under mains pressure, usually to a roof storage tank.

Score To scratch a line with a pointed tool.

Scribe To copy the profile of a surface on the edge of sheet material to be butted against it; also to mark a line with a pointed tool.

Sheathing An outer layer of insulation on an electrical cable or flex.

Short circuit Accidental re-routing of electricity to earth, which increases the flow of current and consequently blows a fuse.

Silicone mastic A non-setting compound used to seal joints.

Stud partition A timber frame interior dividing wall.

Template A cut-out pattern, made from paper, wood, metal etc., used to help shape a workpiece accurately.

Terminal A connection to which bared ends of electrical cable or flex are attached.

Trap A bent section of pipe below a bath, sink, etc., containing standing water to prevent the passage of gases.

U-bend A waste pipe, or part of one, shaped like a U, used as part of a trap.

Undercoat A layer or layers of paint used to cover primer and build up a protective layer before a top coat is applied.

index

suppliers

KITCHEN SUPPLIERS

B&Q
tel: 0845 222 1000 for stockists
website: www.diy.com

ALNO UK
also available from all John Lewis Department Stores
tel: 0208 898 4781 for head office
email: via website
web: www.alno.co.uk

ANDREW MACINTOSH FURNITURE
tel: 020 8995 8333 (Chiswick)
tel: 020 7371 7288 (Fulham)
tel: 01494 529961 (factory, High Wycombe)
email: sales@andrewmacintoshfurniture.co.uk
web: www.andrewmacintoshfurniture.co.uk

CROWN IMPERIAL
tel: 01227 74 24 24 for stockists
email: sales@crown-imperial.co.uk
web: www.crown-imperial.co.uk

FRANKE SINKS
tel: 0161 436 6280
email: info.uk@franke.com
web: www.franke.com

THE JAMES RUSSELL DESIGN STUDIO
kitchen design and installation consultancy
tel: 020 8742 0725
email: patr1500@AOL.com

MAGNET
tel: 0845 123 6789 enquiries help line
email: via website
web: www.magnet.co.uk

mfi UK LIMITED
tel: 0870 609 5555 for customer services
email: via website
web: www.mfi.com

MIELE
tel: 01235 554455 for information
email: info@miele.co.uk
web: www.miele.co.uk

NEFF
available in the UK and Ireland
tel: 0870 513390 for brochures
email: via website
web: www.neff.co.uk

POGGENPOHL
tel: 0800 683606 for customer services
email: kitchens@poggenpohl-group.co.uk
web: www.poggenpohl.co.uk

TOOLS ETC

ATLAS COPCO
Milwaukee is a brand name within the Atlas Copco Group
tel: 01442 222378 for nearest dealer
email: milwaukee@uk.atlascopco.com
web: www.milwaukee_et.com

BLACK & DECKER
register online to receive latest product information and DIY tips
tel: 01753 511234 for customer helpline
email: info@blackanddecker.co.uk
web: www.blackanddecker.co.uk

DE WALT
tel: 0700 433 9258 for stockists
email: via website
web: www.dewalt.co.uk

MARSHALLTOWN AND ESTWING TOOLS
(supplied by Rollins Group)
email: sales@rollins.co.uk
web: www.rollins.co.uk

SCREWFIX DIRECT
order online, next day delivery, trade prices
tel: 0500 414141
email: online@screwfix.com
web: www.screwfix.com

WALL AND FLOOR MATERIALS

AMTICO
tel: 0800 667766 reader enquiries
email: customer.services@amtico.co.uk
web: www.amtico.com

FIRED EARTH
available worldwide, 55 showrooms in the UK
tel: 01295 814300 for stockists and customer enquiries
email: enquiries@firedearth.com
web: www.firedearth.com

JOHNSON
products available worldwide
tel: 01782 575575 for customer services
email: sales@johnson-tiles.com
web: www.johnson-tiles.com

WOOD/OTHER MATERIALS

JEWSON
products available worldwide
tel: 0800 539766 for customer services
email: customer.services@jewson.co.uk
web: www.jewson.co.uk

photography credits

2–5 All David Murphy; **7–12** All Mike Newton; **13** David Murphy; **14–16** AW's David Ashby; **17** All Sarah Cuttle; **19** David Murphy; **20–28** All Sarah Cuttle; **29–35** All David Murphy; **37** (1) Andrew Macintosh, (2) Sarah Cuttle, (3) Miele; **38–39** (1) Fired Earth, (2) Andrew Macintosh, (3) Magnet, (4) Crown; **40–41** (1) Andrew Macintosh, (2) Amtico, (3) Magnet, (4) Crown; **42–43** (1) MFI, (2) B&Q, (3) Poggenpohl, (4) MFI; **44–45** (1) Johnson's Tiles, (2) Magnet, (3) Amtico, (4) MFI, (5) Poggenpohl, (6) MFI, (7) David Murphy; **46–47** (1–2) Amtico, (3) Fired Earth, (4) B&Q, (5) Magnet; **48–49** (1) MFI, (2) David Murphy; **50–51** (1–6) MFI, AW's David Ashby; **52–53** (1) MFI, (2) Alno, (3) Miele; **54** MFI; **55** David Murphy; **56–57** All Amanda Jensen; **58–65** All Mark Winwood; **66–83** All David Murphy; **84–85** All Sarah Cuttle; **86–87** (1) Crown, (2) B&Q; **88** All David Murphy; **89–94** All Sarah Cuttle; **95** All David Murphy; **96–97** (1–2) MFI (3) B&Q, (4) MFI, (5–6) B&Q; **98** All Sarah Cuttle; **99** (1–3) David Murphy, (4–5) Sarah Cuttle; **100–101** (1–2) David Murphy, (3–4) Sarah Cuttle; **102** (1) B&Q, (2–6) David Murphy; **103** (1) Johnson's Tiles, (2) Fired Earth; **104** All David Murphy; **105** (1–2) Sarah Cuttle, (4–5) David Murphy; **106–108** All Sarah Cuttle; **109** (1) Sarah Cuttle (2) Amtico; **110–111** All David Murphy; **112** (1–3) Sarah Cuttle (A–C) David Murphy; **113** Sarah Cuttle; **114** All David Murphy; **115–116** All Sarah Cuttle; **117** (1–2) Poggonpohl; **118** (A–C) Sarah Cuttle, (1) Miele; **119** Sarah Cuttle; **120–121** All MFI; **128** David Murphy

acknowledgements

FOR AIREDALE PUBLISHING

We would like to thank the following companies for providing tools and equipment for this book:

FOR EVERYTHING FROM A–Z
Guy Burtenshaw, Sarah Stonebanks at B&Q and all the very patient staff at B&Q Yeading

FOR SUPPLYING THE KITCHENS
Zoe Coombs and Jane Warden at MFI UK Ltd

FOR TOOLS AND EQUIPMENT
Trevor Culpin at Screwfix Direct

FOR ALL THE TILES USED IN THIS BOOK
Andrew Adam at Johnson Tiles

FOR WOOD AND BUILDER'S SUPPLIES
Ian Lincoln at Jewsons, Leytonstone

FOR SUPPLYING COOKERS AND EXTRACTOR FANS
Alice Portnoy at Neff

Also thanks to the following for their help in the production of this book:
Claire Graham and Tom Newton for use of their kitchens, Antony Cairns for that extra help Plus: Hannah Watson at Amtico, John Swain at Franke Sinks, Louis Arnold at The James Russell Design Studio, Julian Duncan at MFI UK Ltd (Chiswick)

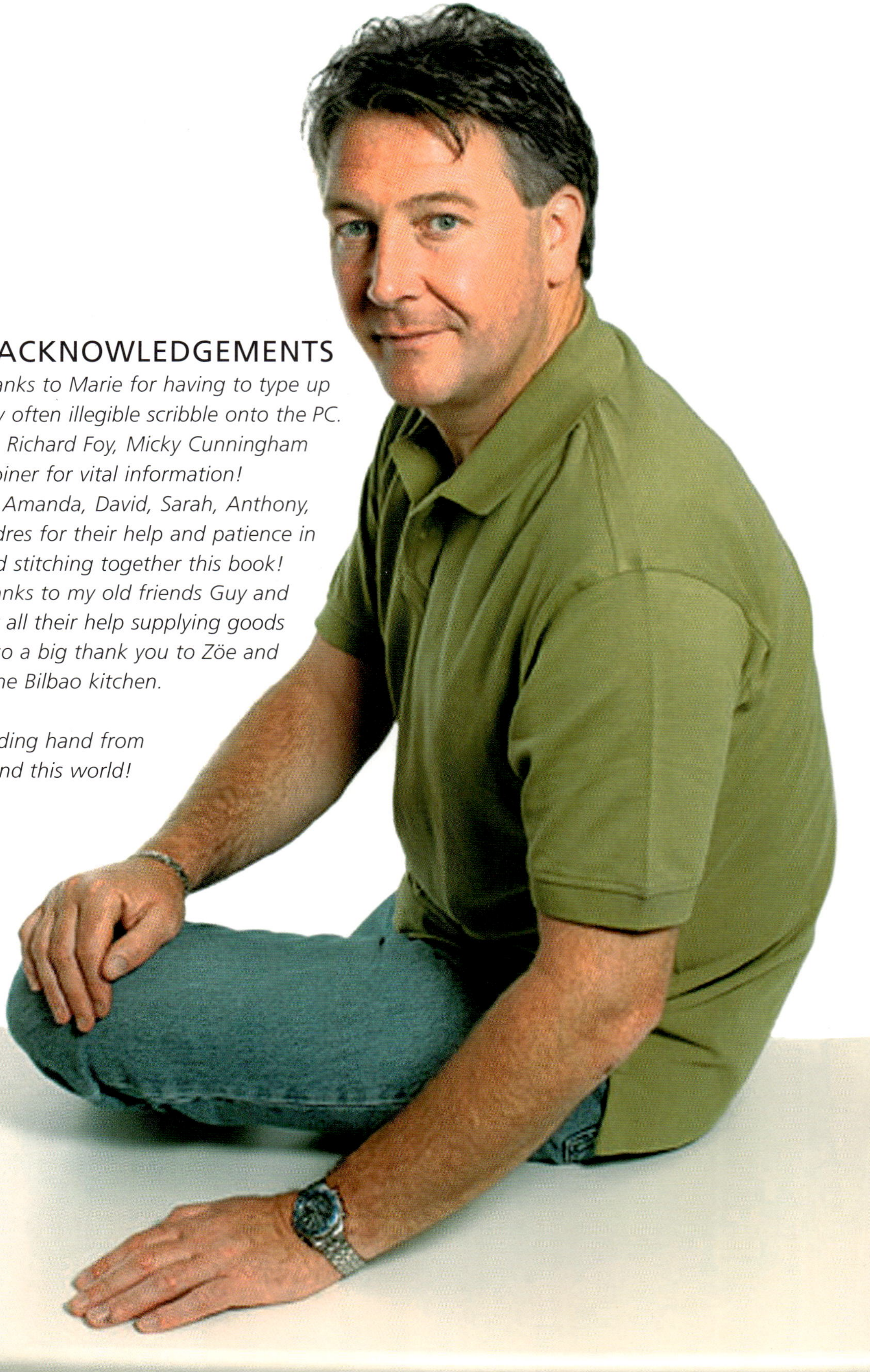

TOMMY'S ACKNOWLEDGEMENTS

An enormous thanks to Marie for having to type up every word of my often illegible scribble onto the PC. Georgie Bennett, Richard Foy, Micky Cunningham and Jimmy the Joiner for vital information! To Ruth, Angela, Amanda, David, Sarah, Anthony, Sarah C. and Andres for their help and patience in co-ordinating and stitching together this book! And a special thanks to my old friends Guy and Sarah at B&Q for all their help supplying goods for this book. Also a big thank you to Zöe and Jane at MFI for the Bilbao kitchen.

For my Dad's guiding hand from somewhere beyond this world!